鲁班工坊系列图书

跨境电商网店开设与运营

徐丹　纪新霞　主编

天津社会科学院出版社

图书在版编目(CIP)数据

跨境电商网店开设与运营 / 徐丹，纪新霞主编. --
天津：天津社会科学院出版社，2021.6
　ISBN 978-7-5563-0738-8

　Ⅰ.①跨… Ⅱ.①徐… ②纪… Ⅲ.①网店-商业经
营 Ⅳ.①F713.365.2

　中国版本图书馆 CIP 数据核字(2021)第 121821 号

跨境电商网店开设与运营
KUAJING DIANSHANG WANGDIAN KEHU YU YUNYING

出版发行：天津社会科学院出版社
地　　址：天津市南开区迎水道 7 号
邮　　编：300191
电话/传真：(022)23360165(总编室)
　　　　　　(022)23075303(发行科)
网　　址：www.tass-tj.org.cn
印　　刷：天津午阳印刷股份有限公司

开　　本：787×1092 毫米　　1/16
印　　张：7.25
字　　数：120 千字
版　　次：2021 年 6 月第 1 版　2021 年 6 月第 1 次印刷
定　　价：68.00 元

目　　录

模块一　店铺基础操作

知识目标：

1. 了解跨境电商全球速卖通平台店铺注册流程和步骤

2. 了解全球速卖通平台产品发布

3. 了解全球速卖通平台产品管理方法

能力目标：

1. 能进行跨境电商全球速卖通平台店铺注册操作，成功开设店铺

2. 能进行全球速卖通平台产品发布操作

3. 能进行全球速卖通后台产品管理

项目一　店铺注册

一、全球速卖通店铺注册

全球速卖通平台入驻条件：

◇ 企业营业执照(需要有对公账号的)。

◇ 企业支付宝：若没有企业支付宝账户，需要到支付宝官方平台按流程申请或者用企业法人的支付和企业执照去认证。

◇ 准备好商标资质(自己的商标或代理的商标 有 TM 受理书也可以，速卖通店铺分专营店、专卖店和官方旗舰店)。

◇ 平台缴纳保证金 1 万元人民币(随时可以返还)。

1

第一,店铺注册。如果我们想要依托第三方平台做跨境电商贸易,首先需要对第三方平台进行数据调查和流量分析后,根据自身经营规模、销售品类、目标市场进行总结后,选定一个或多个平台完成店铺注册,从而进行跨境电商活动。

因不同第三方平台入驻条件、平台规则、技术服务架构、法律法规区别,也存在着差异,注册店铺前建议认真研究平台官方文件,做到有的放矢。

我们以阿里巴巴速卖通跨境电商出口平台为例,说明账号注册的流程与步骤。首先,打开速卖通英文网站(www. aliexpress. com)并点击"Non – Chinese Seller Registration"按钮,进行注册。如图1－1－2和图1－1－2所示。

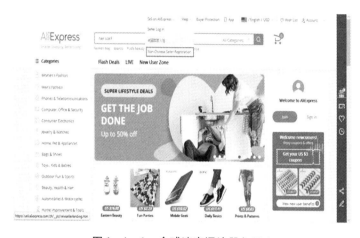

图1－1－1　全球速卖通注册入口1

或者,直接打开速卖通英文网站(seller. aliexpress. com),点击"注册"按钮,进行注册。

图1－1－2　全球速卖通注册入口2

第一,选择注册国家。在跳转页面中,选择注册开店的国家,如图 1 - 1 - 3 所示。目前阿里巴巴速卖通出口平台可以面向除中国以外,俄罗斯、西班牙、意大利、土耳其、法国五个国家进行注册开店。卖家可根据自己的情况选择注册国家。

提示说明:目前仅支持企业或个体工商户在阿里巴巴速卖通开店,个人无法开店。

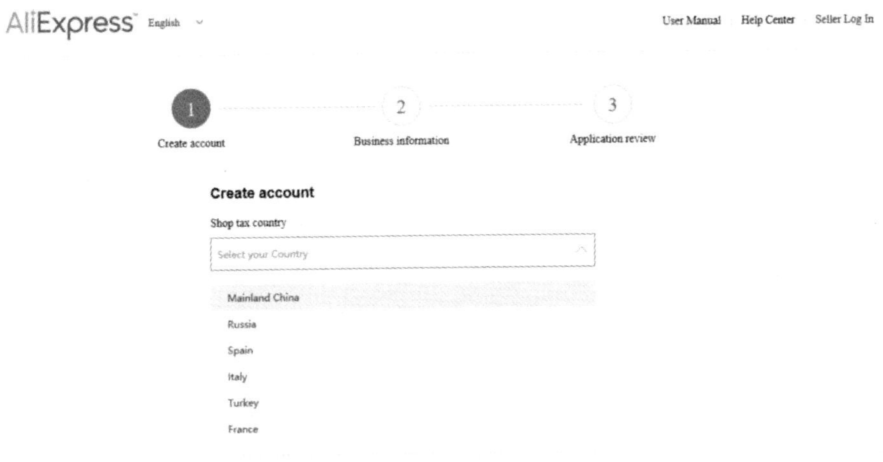

图 1 - 1 - 3　进行注册国家选择

第三,账户信息填写。填写登录电子邮箱、密码、手机号码等账户信息。当所有注册信息都填写准确无误后,点击"确定"按钮,进入下一步。如图 1 - 1 - 4 所示。

注册邮箱中不能出现 aliexpress,taobao 或 alibaba 这样的字母,若出现则不会注册成功,比如 Aliexpress01@ ABC. com。另外,目前一个邮箱注册阿里集团旗下平台的账号数量是有一定规则的,为避免重复过多的注册,建议您使用一个新的邮箱来注册速卖通账号。

密码设置时请尽量把"邮箱密码"和"登录密码"设置复杂一些,不要太过于简单,最好使用英文字母 + 阿拉伯数字 + 符号等方法;一个表现较好的店铺,很容易成为"黑客"攻击目标,黑客可以通过盗取"密码"方式盗取收款账号,从而造成财产损失。

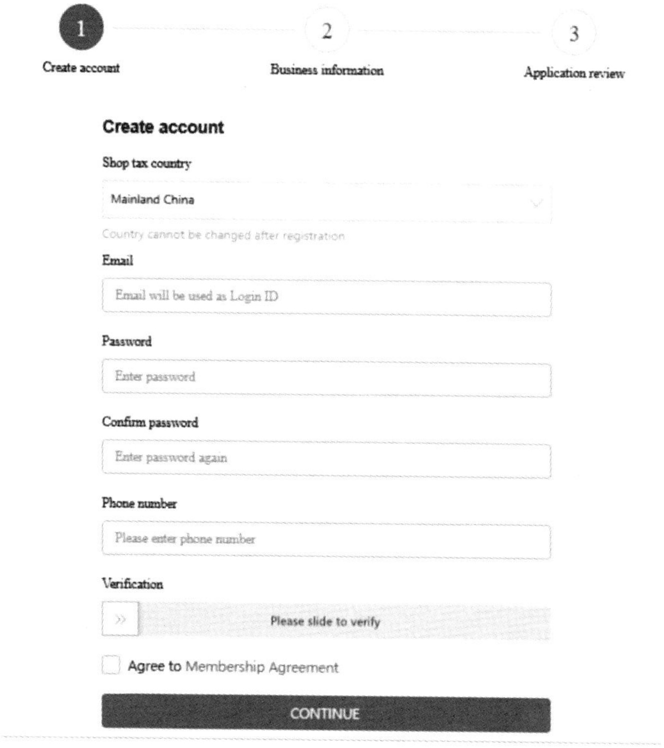

图 1-1-4 填写账户信息

第四,验证码输入。完成上一步骤后,全球速卖通会向所输入的手机号发送验证码,在跳转页面中输入验证码,并点击"确定"按钮,进入下一步。如果没有收到验证码,可点击"免费获取验证码",再次发送,如图 1-1-5 所示。

4、输入验证码

- 指定区域填写验证码

图 1-1-5 填写验证码

第五,填写公司商业信息,如图 1-1-6 所示。

Business Information

Tax Country
Italy
Country/region can't be changed once registered.

Company legal form
Please select

Company registered country
Italy

Company corporate name
Company corporate name

Company registered address
| Country | State/Province | City |

Street Address

Company telephone number
| Country code | Please enter |

Company certified email address
Please enter

Company registration number
Please enter

Ultimate Beneficial owner(s)
Name and surname
Please enter

Indentification Type
Please enter

Identification number
Please enter

Add an owner
Add no more than 4 owners

图 1-1-6 填写公司商业信息

第六,填写税务及银行信息,如图 1 - 1 - 7 所示。

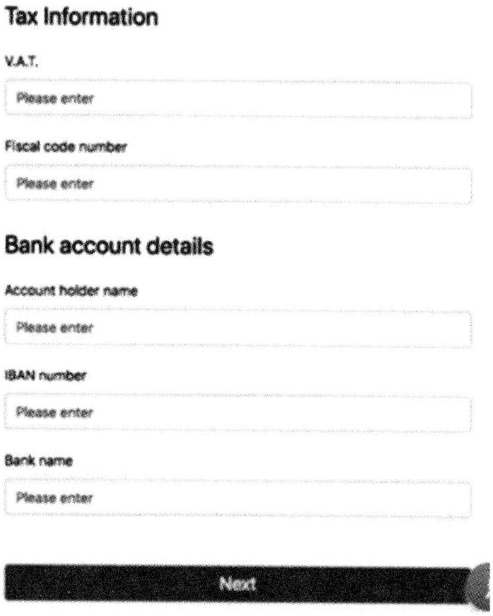

Tax Information

V.A.T.

Please enter

Fiscal code number

Please enter

Bank account details

Account holder name

Please enter

IBAN number

Please enter

Bank name

Please enter

Next

图 1 - 1 - 7　税务及银行信息

第七,申请完毕,等待审核 2~3 个工作日,如图 1 - 1 - 8 所示。

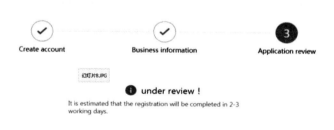

审核结果会发送至您的邮箱,可及时查看

AliExpress English ∨

Create account　　　Business information　　　Application review

边灯片8.JPG

under review !

It is estimated that the registration will be completed in 2-3 working days.

图 1 - 1 - 8　申请完毕

第八,申请成功后,打开登录链接,填写邮箱及登录密码,自动开通店铺。

第九,进行企业认证。

第一步:登录支付宝账号(该支付宝账号必须已经完成企业支付宝认证)。

第二步:绑定支付宝账号,如图1-1-9所示。

图1-1-9　支付宝登录及绑定

第十,绑定完成后的认证环节,根据要求上传企业资料。资料填写完成后进入认证页面,按页面提示完成认证。

认证方式有两种:企业支付宝授权认证和企业法人支付宝授权认证,二者的主要区别如下。

企业支付宝授权认证,需要提前在支付宝申请企业支付宝账户,具体的申请方法请您联系支付宝客服95188咨询,申请完成之后在速卖通认证页面登录您的企业支付宝账号,即可实时认证通过;

企业法人支付宝授权认证,无需有企业支付宝账号,只要在认证页面提交相关资料+法人的个人支付宝账号授权即可,资料审核时间是2个工作日。

图1-1-10　支付宝授权认证页面

项目二　产品发布

一、产品发布

(一)商品信息编辑的重要性

通常线上店铺页面的商品展示是消费者浏览、阅读、购买的唯一途径;而商品信息有效构成除了商品标题,短描述(副标题),长描述(详情页)以外,还包含:商品图片(主图、辅图),价格信息,库存信息,物流方式,促销信息等内容。

决定商品曝光率的往往是关键词和商品标签,决定点击率的重点体现在商品的图片方面,最终决定商品转化率可能是因为商品其他信息因素所形成;因此商品发布中的所有信息是跨境电商经营中非常重要的环节,也属于电商"内容营销"关键所在。

1. 关键词、标签的重要性

依托于互联网的电子商务进行商品展示,和线下商场能身临其境地感受甚至体验商品形式有着重要区别;线上商品是通过文字信息描述、商品图片向客户表达商品内容和要素的,在商品的文字描述中起着最关键因素的就是"关键词"和"产品标签",消费者往往是通过"搜索"途径去查找所需要的商品,而搜索过程中就需要不断地使用关键词或产品标签。通常被众多人习惯使用的关键词和产品标签,被称为热搜词,作为跨境电商卖家而言,在编辑商品文字信息过程中,如果能准确使用"热搜词"进行商品描述,你的产品被消费者搜索频次就会增高,就是所谓的"曝光率"增加,商品有了高曝光率,才能有好的销售量。

因此,精准的关键词和商品标签,是商品文字描述的重点。关键词和商品标签怎样才能更精准的挖掘和使用? 例如,商品本身的品类属性、使用场景、商品品牌、商品风格、商品功能、加工工艺、使用性别、特色功能之类的关键词和描述商品的材质、印花、形状、配件、特征、颜色、尺寸等之类的商品标签更容易被消费者关注和搜索。

编辑商品文字信息中使用的关键词和商品标签,一方面可以根据编辑人员对商品的阅读和认知,自我发现和挖掘具有商品特色的内容进行编写;另一方面可以通过优秀的"关键词调查工具"进行调查分析,从而找到最好的关键词和商品标签;同时还可以大量阅读优秀的竞争对手使用的关键词和商品标签的使用方法进行借鉴和模仿,从而完善对商品信息的内容和内涵。总之,要做到发现消费者需求,勾起消费者好奇心,激发消费者购买欲望。

2. 图片编辑的重要性

商品图片是商品"可视化"非常重要的组成部分,它能有效地可视化展示商品内容,客户通过对图片的查看,形成对商品的直观认识并冲击消费者视觉;商品图片拍摄质量、图片处理效果的好与坏,都直接影响到客户对商品的判断。特别是基于移动端网购的客户,由于移动端设备展示画面较少,商品信息内容、图片内容因浏览界面的局限,无法同一界面展现更多商品信息属性。因此,图片(包含商品短视频)更是吸引消费者眼球的重要部分。

3. 整体商品发布质量的重要性

编辑一个商品的质量,能直接影响商品的推广、曝光率、点击率、转化率,也是网络营销成功与否的关键。网络营销中的推广渠道、推广方式、营销团队、营销技巧虽然是重要因素,但商品本身的基础内容(内容营销)更是重中之重。

(二)商品文字信息编辑

1. 商品文字信息编辑的意义

(1)商品文字信息含义

商品的文字编辑是内容营销最重要的手段之一,是创造、发布内容的营销行为。内容营销是以吸引、留住客户或与之互动为目的,发布和推广文章、视频或类似内容的行为。

(2)商品详情页面构成元素

A. 详情页结构公式

产品发布详情页 = 标题 + 短描述(产品标签) + 长描述

9

B. 文字编辑中调用的元素

产品文字编辑中涉及的元素包含：关键词、标签、形状、体积、包装、使用方法、使用功能、材质、商品细节、特殊工艺、特殊材料、新技术、新功能等。

C. 好的文字编辑

好的商品文字信息具备创造性、创意性、客户使用目的性、引导性、专业性、逻辑性和适合客户的语言习惯。

（三）新产品发布编辑

1. 标题编辑技巧

标题是一个商品信息内容展示的灵魂，也是被客户搜索的关键，因此在文字编辑中，标题的编写十分重要。不同的跨境电商平台对商品文字信息内容有着不一样的规定，就标题规则而言，从标题的字数长度要求、平台技术推送规则、标题若干规定等都不尽相同。总结大部分国际平台对标题的要求，除全球速卖通平台以外，amazon 平台标题规则几乎通用于全球其他平台。

Amazon 平台机器人根据消费者搜索词进行阅读每个产品的标题，一般阅读前 80 个字符；因此最热搜的"关键词""产品标签"放在最前面为宜。

例如，Hanes Men's Pullover EcoSmart Fleece Hooded Sweatshirt（短小精悍）

字符限制。我们建议卖家的商品标题字符限制小于 200 个字符（含空格），每个类目都有各自的要求，大家一定要到对应站点卖家后台的帮助页面，搜索"风格指南"，找到您产品所在类目的风格指南的要求。

每个单词首字母需大写，但是连词（and, or, for）、冠词（the, a, an）、或少于五个字母的介词（in, on, over, with 等）不需要大写，禁止单词全大写。

标题编辑时，不能使用"非法关键词""侵权词"。

泛关键词、废关键词、非法关键词最好不要出现在产品标题中，容易造成"侵权"而被下架或罚款。泛关键词和废关键词一方面占用标题空间，浪费资源；另一方面对营销推广不利。

例如，2020 New Explosion Model Yang Mi With the Same Paragraph Women's Boho Dress2020（泛关键词），New（无效关键词），Explosion Model（废关键词），Mi

With the Same(侵权关键词),Women's Boho Dress(有效词)

标题中使用"关键词"尽量不要超过 3 个;不要重复使用"关键词"。

标题的组成是:关键词 + 标签,标题关键词使用数量过多,会占用标题中标签的使用空间。而产品标签往往比关键词更能被易于搜索。

禁止使用特殊符号(例如?,!,＊,£,?,％,引号,省略号等)。

不能有中文输入法状态下输入的标点符号;商品标题不能有商标图片符号。除了英文环境下的","或"."外,其他任何特殊符号不能写在标题中。

捆绑销售或带有"数字"的商品,标题使用阿拉伯数字(比如要写"2",而非"two")。

例如,Instant Pot Duo Mini 7 – in – 1 Electric Pressure Cooker, Slow Cooker, Rice Cooker, Steamer, Saute, Yogurt Maker, and Warmer, 3 Quart, 11 One – Touch Programs

商品名称不能带有自己编写的 SKU 编码符号或者其他编码符号。

SKU 是指商品变体的唯一识别码,可以自行编写。标题中不能含有暗示、提醒、卖家信息之类词语出现

如包含批量销售,请在商品名称后面添加(pack of X)

如果有多个用途只写一种用途或兼容信息,其他请在 Bullet Points 或者 Description 里填写。

例如,某电池适用于某电脑的各种机型,不能写超过 2 款机型。

Lenovo Chromebook C330 2 – in – 1 Convertible Laptop, 11.6 – Inch HD (1366 x 768) IPS Display, MediaTek MT8173C Processor, 4GB LPDDR3, 64 GB eMMC, Chrome OS, 81HY0000US, Blizzard White

Brand Name 是必填项,将 Brand Name 放在标题的最前面,大小写要与原品牌商标保持一致,电子类无品牌商品要注明无品牌。

例如,Nike Men's Revolution 5 Running Shoe

Simply Silver USB Data Sync Charger Cable cord Adapter for SONY PS Vita PS-Vita PSV PlayStation Unbranded

不能含有公司,促销,物流,运费或其他任何与商品本身无关的信息。

例如,30% off Dolly Double Breasted Belt Long Classic Windbreaker

a. "Free Shipping", "2 days express delivery"

b. "Best Seller", "Hot Item", "Latest design, New Fashion, Fashion 2013"

c. "Your Company Name", "Money – back Satisfaction Guarantee"

d. "Customizable please email me your idea or design",

e. "Please go to my website or amazon store for more colors and more designs"

f. "Please tell me your size."

标题只能包含所售商品的信息,禁止包含额外的配饰,或顾客需要单独购买的商品等信息。

仅使用当地站点的语言(如在亚马逊日本站除品牌名及型号外,尽量使用日语,不出现英文)。

禁止使用同义词、额外的搜索关键词或重复相同单词来反复描述。

父商品标题中禁止包含颜色和尺码信息。

禁止使用有攻击性(侮辱歧视词语、当地宗教文化敏感词汇等禁忌词语)词语。

禁止在 title 中描述商品有诊断、治愈、缓解、治疗或预防人类和动物疾病。

关于禁止在 listing 中有描述商品有诊断、治愈、缓解、治疗或预防人类和动物疾病功能的紧急通知! 具体规定请见 https://sellercentral. amazon. com/gp/help/202024200。

手机周边产品尤其是充电器和数据线的 title 中禁止使用"Lightning"这个单词;当发布一款可作为某一品牌商品的更换配件或与该品牌商品兼容使用的通用商品时,请确保您的通用商品并非此品牌商品。您可以使用"compatible with"或"for"等术语作为连接词。

日本站假名需用全角,空格需用半角,避免显示错误。

禁止包含具有主观评论或特定于某个卖家的信息,如"Terrific Item","Best Seller","Sale","Free Delivery",或"Great Gift"等词语。

商品文字信息内容禁用词语:

HotSale

Guaranteed or Money Back

［100%］Satisfaction Guaranteed

NEW COLORS AVAILABLE！

Chrismas Sale

new arrival

available in different colors

1 Best Rated

Brandnew

Money Back

BestSeller

Limited edition

Seen on TV

Not to miss

Popular Best

Perfect Fit

Top Seller

Great price

Offer of the day

prime day deals

custom size

High Quality

Best Gift Ever

ALL Other Sizes and Styles on Request

100% Quality

free worldwide shipping

The package will arrive before Chrismas

sexy

＊FREE DELIVERY＊

［100%］Satisfaction Guaranteed

Wholesale

2~3 days shipping

Buy 2 Get 1 Free

标题设置小技巧

标题基本上都是先写品牌名,再写性别,再写款式或者描述商品主要特征,最后写这是什么产品。子标题在父标题基础上添加颜色和尺码即可。听上去是不是很简单? 我们来看几个合规标题的示例:

Apparel – 父［品牌］+［商品部门］+［款式］+［商品名］+［型号名称］+ "Pack of" +［商品数量］

Watches –［品牌］+［目标消费群体］+［展示类型］+［机芯类型］+ "Watch" + "with" +［表带材质类型］+［part_number］

Electronics –［品牌］+［型号名称］+［形状系数］+ with +［商品特征］+ "Pack of" +［商品数量］

Lighting –［品牌/制造商］+［原厂商号］(where available) +［产品描述］+［产品名称］

子标题 = 父标题 +［颜色］+［尺寸］

图 1 - 2 - 1　产品标题发布页面示例

下面再以全球速卖通平台标题编写方法为例进行讲解。

(1)要充分利用标题的 128 个字符

最简单却容易被卖家朋友忽略的问题,就是没有完全利用标题的 128 个字符。标题过短不利于搜索覆盖,例如,如果你的商品是"running shoes",标题只有

"running shoes"一个词,用户只有搜索"sport shoes"就找不到你的商品,标题完全可以把"sports shoes"也放进来。

(2)包含产品属性词、核心词

标题中尽量包含商品的核心词、属性词。单词一定要拼写正确,否则用户无法搜索到您的商品标题。

(3)标题可视化效果要好

标题单词不要全小写,核心产品词、属性词等首字母尽量用大写,重要词比如品牌词可以全部大写。由于空格和" + "" - ""#""&"等字符都只算一个字符,用一些可突出标题、关键词的字符,比如可以用"【】"来突出某个核心词,帮助用户快速定位。

(4)标题中不建议用这些词

A. new arrival,其搜索指数值非常低。如果有更好的词,建议删除这两个词。如果一定要保留,必须加上日期:2015 new arrival。因为"2015 new arrival"的搜索指数是63581,是前面词的60倍。

B. 部分卖家喜欢写"spring and autumn",在标题字符只有128个字符的情况下,"and"没有写的必要,可直接删除,变成"spring autumn"。或设置为"Spring&Autumn",倘若标题长度本身就不足128个字符,保留and也可以。这里主要说明的是,其实"and"是个对搜索引流没有什么影响的词。

C. 由于标题不用考虑英文语法,在可能的情况下,您可以尽量删除to,the,and,of,for之类的词。

(5)擅长通过软件找搜索词

运用部分软件,在标题选择词、长尾词、设置核心词的基础上,找到相关性高的搜索词。

值得一提的是,当季节变换的时候,用户搜索的习惯、搜索的频率可能会变化。速卖通卖家可关注季节性热词,不断优化标题,获取更多的流量。当热门事件发生、新产品发布之后,相应的搜索词会变化,也希望卖家朋友能够第一时间去修改标题。

2. 短描述编辑方法

(1)平台短描述认知

短描述在每个平台上体现的叫法都不太一样,amazon平台称短描述为"Bullet

Points";eBay 平台称之为"副标题";wish 平台没有短描述,但有"产品标签设置";速卖通平台没有短描述,但可以在图片上增加"品牌故事"。

总之,短描述的重要性仅次于标题,它的作用是在顾客被你的"标题""图片""价格"三个因素吸引进来之后,再次对产品加深了解,短描述是否能够提供足够的信息给顾客,同时激发他们的购买欲望,对于销量的提升也是重要的一环。

描写技巧最为关键的就是产品的标题,把标题中的重要关键词拿出来再详细说一遍,又或者加入一些标题中无法体现出来,但是对产品很重要的数据。如何在原有的基础上将产品的卖点体现出来,使产品更有竞争力,便是卖家需要体现在短描述中的事情。

（2）短描述的编写方法

以 amazon 平台五点短描述编写方法为例。

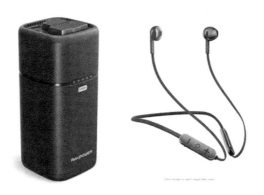

图 1 - 2 - 2　产品短描述编写示例

A. 你的产品比其他产品好在哪里

例如,上图的移动电源的功能是充电、蓝牙耳机是接电话、手机壳是用来保护手机……这些顾客都知道,而你需要描述的是你卖的移动电源储蓄的电量更大、蓝牙耳机功能更多、手机壳材质更好、音箱的音质更好、电风吹的风力更大、吸尘器吸的更干净、菜刀更锋利、枕头睡得更舒服、地毯更加防滑,等等。总之,针对产品最大的特点展开描述,让顾客知道你的产品与其他产品的不同。特别要注意的是,不要使用极限用词"最好""第一",除非你的产品真的有类似的奖项或者荣誉。

B. 除此之外,你的产品还有什么好处

移动电源充电量更大但是更轻便,蓝牙耳机功能更多但是操作更简单,手机壳质量更好但是价格更便宜等。需要说明为什么你的产品与其他产品不同,因为它们会带来更好更多的体验,这也是你的产品的好处,也是对于标题关键词中没有体现出来的功能进行的补充,让买家更有购买的欲望。

C. 买家购买产品之后的收获与体会

这就是所谓的买家的痛点。想象一下自己作为消费者,为什么需要购买移动电源,因为外出需要;为什么需要购买蓝牙耳机,因为开车或者运动需要;为什么购买吸尘器,因为打扫卫生需要。那么,你的产品可以在使用过程中给他们带来什么好处,更方便? 更舒适? 比其他产品更好用? 或者能够帮他们解决什么问题,统统告诉国外买家们。

D. 产品存在哪些不足

如果是质量上的不足,那说明你卖的是假冒伪劣产品;如果是功能上的不足,可以直接告诉买家,避免他们在购买之后产生误会导致差评,比如:移动电源是不防水的,现在只有一种颜色或款式。当然,这些事情除非是你真的想不到自己的产品有什么特点,再把不足放在详细描述里,或者了解一下竞争对手那边的差评,看看能不能在描述中进行补充。

E. 参数

大部分的消费者对于冰箱、洗衣机的长宽高并没有什么特别关注,参数可以放在短描述里,也可以放在长描述中。

对于比较小巧的东西,可以用参照物来作为比较,而不是具体的数值,比如说这个充电宝和信用卡差不多大,诸如此类来转换普通人不好理解的数据。奢侈品,比如说手表也经常会提供手表大小的参数。

(3)法则总结

A. 概括性的单词或者短语会让产品的描述更加清晰一些,后面的段落可以作为补充或者说明;

B. 检查单词,是否有重复出现的单词,看看是否能够用其他单词进行替换,太多关键词的出现对于 listing 的搜索排名不是很有利;

C. 检查拼写和语法,避免出现错别字;

D.描述之后还可以再稍稍润色一下,添加能够引起消费者购买欲望的词句;

E.言简意赅,用最少的词汇把意思表达出来;

F.可以模仿但是不要抄袭,如果实在不知道要怎么写,可以参考优秀大卖家的描述。

五点描述(Bullet Points)的作用就是让顾客了解产品的功能、作用、各种规格,除了在描写过程中详细的说明产品包含的信息,还要考虑到顾客的需求、痛点。

同时描述也是基于标题关键词之下的扩展、补充,很多卖家在搜罗了一堆的关键词之后,并没有全部都用到标题中,剩下的关键词也可以放在描述里作为自己的卖点,同时也是对于 listing 的一种关键词优化。

(4)amazon 短描述编写技巧案例分析

A.善用标题放不下的关键词

有在做 Listing 关键词优化的伙伴,一定都会有很多的关键词在手,但标题字数有限,并不是所有的关键词都能顺利的塞进标题里,如果手上有多余的关键词不要浪费,可以巧妙地运用在 Bullet Points 上,让 Listing 能有最好的优化。

假设今天要卖的是摇摇杯(Blender Bottle),经过一番研究你可能会得到以下几个关键词。

- Blender Bottle
- Loop Top
- Shaker Bottle
- 28 – Ounce
- Dishwasher safe
- BPA –
- Phthalate free
- Flip cap
- Protein Shakes
- Ergonomic
- Easy to Carry
- Measurement Markings
- Easy mixing
- Meal Replacements

图 1 – 2 – 3　产品关键词提炼示例

如果把关键词都塞进标题,会导致标题不合理又奇怪。假设适当的选几个关键词放在标题中,标题为 BlenderBottle Classic Loop Top Shaker Bottle, Clear/Black, 28 - Ounce Loop Top 剩余的关键词就可以巧妙地运用在 Bullet Points 上,如图 1 - 2 - 4 所示。

图 1 - 2 - 4　产品关键词编写示例 1

虽然 Bullet Points 是不能影响搜索排名的,但事实上 Bullet Points 的关键词在搜索时能够被索引,也有许多大卖家实验过在 Bullet Points 里塞入关键词(Keywords)确实有助于提升搜索排名,让原本在第三页的商品顺势提升到第一页。

注意:现在 Listing Bullet Points 的字数从原本的 2000 字更改为 500 字,也就是说 1—5 Product Features 限制为 500 字,每个 Product Feature 不能超过 100 字。且不能有特殊字元。这个只影响新上架的 Listing ,旧的 Listing Bullet Points 超过 500 字是不会被强迫更改的。

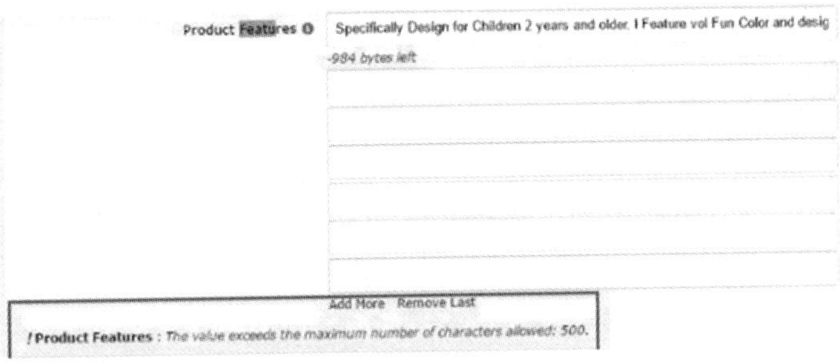

图 1 - 2 - 5　产品关键词编写示例 2

19

B. Bullet Points 要有可读性,可一目了然商品要点

大家都知道,现在的生活节奏都比较快,我们是不可能花太多时间仔细咀嚼每一个字,肯定是略读随便看看的,而且老外都是很懒的,所以简短有重点的卖点描述是很受欢迎的。

图 1 - 2 - 6　产品 Bullet Points 编写示例

这样的 Bullet Points 看起来视觉上既轻松,也有条理。

C.首字母使用大写英文更清晰

每一行的开头字词像是标题一样,让买家可以经由开头大写字词,快速知道每一行叙述的重点是什么,让买家可以只关注自己想知道的要点,不需要全部都看过。

图 1 - 2 - 7　首字母大写编写示例

D.强调商品特性带给买家的好处

亚马逊只是简单告诉你,要点要写商品的特性(features),但是如果你想要尽可能的发挥 Bullet Points 的销售潜力,只写特性肯定不行的。千万不要浪费了

Bullet Points 的销售潜力,以下将一步一步介绍如何优化特点提高商品销售潜力。

首先列出商品的重要特性,这些特性通常都包含重要的关键词。

It's dishwasher safe.

It's BPA and phthalate free.

It makes it essy to mix your shakes.

It has measurement markings.

这些特性为什么重要? 能带给买家什么样的好处? 能解决什么样的问题?

Dishwasher safe matters because it means customers will find it easier to clean and less of a hassle.

BPA and phthalate free matters because it means customers don't need to worry about harmful chemicals getting into their body.

Easy mixing matters because it means it's effective in mixing the powder and water evenly and smoothly.

Measurement markings matter because customers won't have to use separate dishes to measure out their supplement powders.

接着以大写标示每行的重点标题,描述句加以修饰顺便加一些关键词让 Bullet Points 变得完美

EASY TO CLEAN. it's dishwasher safe making clean – up so much easier and less hassle.

CHEMICAL FREE so you won't worry about BPA or phthalate residue getting into your body.

MIXES EVENLY AND SMOOTHLY. Our bottle blender ball makes easy mixing possible.

ALSO A MEASURING CUP for powders and supplements. Measurement markings make shakes easier to make.

(三)商品文字长描述编写方法

1. 了解商品定位

了解产品本身,才能编辑好长描述,也就是详情页。编辑一个具有吸引力的

产品信息,与其说是了解市场和对应客户,不如说是了解产品本身。清楚其中的缺陷和优势,才能更好地根据特点分析目标市场,给产品一个准确的定位。

（1）针对价格导向型的消费群体

方法:在描述中突出该商品的价格优势,吸引这部分人群的注意力。

举例：Unbelievable!! Only ＄12.99,the whole sets of cups will go your home,＄5 instant saving now.

（2）针对质量导向型的消费群体

方法:在描述中突出该商品的性能优势,让该群体买家有深入了解的欲望。

举例:To provide 1080P high－quality video output,6 times definition more than ordinary DVD, Smoothly play 1080P video files.

（3）针对情感向导型的消费群体

方法:在描述中突出该商品传承的情感元素,告诉买家,此物能够代替他/她表达什么样的情感,多以分享爱、幸运、永恒为主题。

举例:Four－leaf clover stone symbolizes luck,don't be hesitated to bring your family luck. Share your love with the people you love.

二、商品发布流程

商品发布编辑版块为:基本信息、价格与库存、详细描述、包装与物流、其他设置,本文重点介绍包装与物流版块。

（一）进入产品管理后台页面,适用于发布单条产品

图 1－2－8　点击发布产品按钮

（二）产品标题的填写

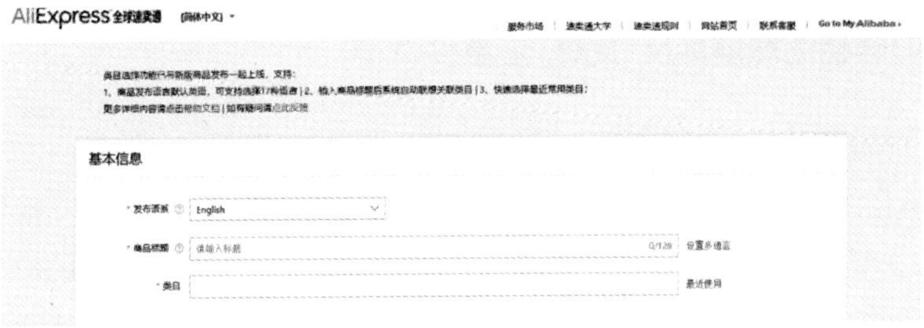

图 1 - 2 - 9　填写产品标题

（三）选择类目页面，选择合适的产品发布类目

1. 在类目列表手动选择。

2. 输入类目名称/拼音首字母进行搜索。

3. 输入英文产品关键词，如 mp3。

4. 从最近使用的 10 个类目中选择。

图 1 - 2 - 10　填写产品属性类目

在产品发布页面填写信息时可随时点击"保存"。已保存的该条产品信息可以在商品管理－草稿箱中查看和进行编辑、删除操作。

(四)详情信息填写及"提交"注意事项

1. 产品详细描述如何填写。

产品详细描述是要将买家关注的产品特色、功能、服务、包装及运输信息等展示出来,主要作用是让买家全方面地了解商品并有意向下单。优秀的产品描述能增强买家的购买欲望,加快买家下单速度。促成买家下单的详细描述大都包含以下几个方面:

(1)商品重要的指标参数和功能(例如,服装的尺码表,电子产品的型号及配置参数)。

(2)5 张及以上详细描述图片。

(3)服务模板点此查看服务模板如何设置。

注意:填写的内容请勿涉嫌禁限售或侵犯他人知识产权。

2. 注意:若点击"提交"时有任何必填属性未填写,页面左侧会显示红色"必填项不能为空"提示列表,每个未填写的必填属性下方也会有红色"必填项不能为空"的提示。点击某条提示即可定位到对应版块。

图 1 - 2 - 11　填写产品图片和其他信息

（五）包装与物流介绍

包装与物流版块包括发货期、物流重量、物流尺寸、运费模板、服务模板。

图 1－2－12　填写产品发货及物流信息

1.发货期:发货时间从买家下单付款成功且支付信息审核完成(出现发货按钮)后开始计时。

假如发货期为 3 天,如订单在北京时间星期四 17:00 支付审核通过(出现发货按钮),则必须在 3 日内填写发货信息(周末、节假日顺延),即北京时间星期二17:00 前填写发货信息。

若未在发货期内填写发货信息,系统将关闭订单,货款全额退还给买家。建议卖家及时填写发货信息,避免出现货款两失的情况。请合理设置发货期,避免产生成交不卖的情况。

2. 物流重量:准确填写包装后重量和产品包装尺寸,避免因填写错误而造成的运费损失和交易性降低。

自定义计重:当您完整填写自定义计重信息后,系统会按照您的设定来计算总运费,忽略产品包装尺寸;对于体积重大于实重的产品,请谨慎选择填写,可以计算出体积重后填写。

3. 物流尺寸:长(cm)×宽(cm)×高(cm)。

4. 运费模板:只有在填写了物流重量及物流尺寸的情况下才可以选择运费模板。可选择已创建的运费模板或者直接点击"新建运费模板"跳转至新增运费模板页面。

5. 服务模板:可以选择新手服务模板或者已创建的服务模板。

(六)提交成功后会进入审核

图 1-2-13 提交产品

(七)审核产品,发布产品

速卖通审核通过后产品成功发布在速卖通网站上,如果审核不能通过,继续修改问题,直至产品成功发布。

项目三　产品管理

一、产品管理

产品信息的管理及修改包括以下几个部分。

1. 商品审核

商品信息提交成功后,速卖通的工作人员会对商品信息进行审核。如果符合阿里巴巴信息发布规则的要求,则所发布的商品会在 2 ~ 3 个工作日之内审核完成,高峰期顺延。

可以打开"产品管理"—"管理产品"页面,在"正在销售"状态栏下查看和编辑通过审核的产品。

图 1 - 3 - 1　商品审核

2. 商品修改

登录后台个人页面,打开"管理产品"——"产品管理"页面,选择要修改的商品,点击"编辑"按钮进入编辑页面,修改信息之后,点击"提交"按钮,进入等待审核阶段。

3. 商品下架

商品的有效期分为 14 天、30 天,过了有效期,商品将从"正在销售"转为"已下架"状态。可以在"已下架"状态栏下查看下架的商品,也可以将已下架商品重新上架。

二、产品的五种状态

任何一个产品发布之后,可能会处于五种状态。

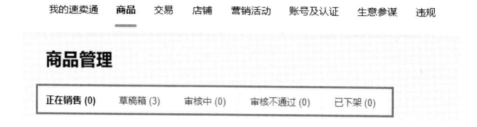

图 1 - 3 - 2　商品管理

1. 草稿箱

(1) 若在"发布产品"页面进行编辑,则每 15 分钟系统自动保存一次信息。

(2) 若在"发布产品"页面点击"保存"按钮,则产品信息保存至草稿箱。

(3) 草稿箱保存信息数量上限为 20,超过应手动删除。

(4) 草稿箱中的产品描述图片只保留 15 天,逾期系统自动删除,应尽快提交审核。

2. 审核中

3. 审核不通过

4. 已下架

5. 正在销售

三、如何查找产品

查找产品一共有六种方式。如图 1 - 3 - 3 所示:

1. 产品分组

2. 产品类目

3. 产品负责人

4. 区域定价

5. 库存

6. 运费模板

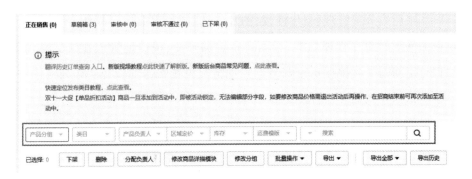

图 1-3-3 商品查找

四、其他管理产品工具

其他管理产品工具还包括以下几个：

1. 批量修改

2. 一键修改发货期

3. 一键延长有效期

4. 批量下架

5. 批量橱窗推荐

此五个管理产品工具适用于后台产品数量较多的情况，有利于提高工作效率。

五、橱窗推荐产品

橱窗推荐是平台奖励给卖家的资源，将产品应用到橱窗推荐，可以提高产品在搜索结果中的排名(橱窗产品的曝光量比普通产品的曝光量要高8~10倍)。

速卖通的橱窗设置是一种奖励机制,获得的方法如下:卖家可以通过提升卖家等级获得橱窗展位,只要发布30件商品,就可以获得一个橱窗展位,并且卖家等级越高,奖励的橱窗就越多。

六、管理图片银行

图片银行集分组管理、图片搜索、图片筛选、图片重命名等功能于一体,能够提供更加强大的图片管理功能,帮助卖家更加方便、快捷地管理在线交易图片。图片银行空间是平台根据卖家账号的表现情况免费赠送的资源。详细描述中的图片会默认保存到图片银行。

如果你的图片银行空间已满,建议清理未使用的图片,再重新上传产品。同时也可以通过提升卖家等级获取额外的图片银行空间。

七、产品分组

产品分组是指把同类产品集合到一起,并能够将产品整合展示在店铺中的功能。产品可以设置成不同的产品组分类展示到网站上。

1.产品分组功能介绍

产品分组是让买家更容易检索卖家商铺中产品的功能。而在实际使用过程中,很多卖家并不了解怎么调整产品组更便于买家使用,也不知道如何调整自身产品组在商铺首页的展示。

2.合理的产品分组排序方式

合理的产品分组排序能够将店铺中的产品用最合理、最能吸引买家购买的方式展现。结合平台商店铺的数据分析,如下形式的产品分组会更容易吸引买家。

第一,促销产品分组

第二,热门品类的分组

第三,按照所属行业常用规则的产品分组

第四,其他分组(放一些无法归类的产品)

八、回收站

如果不小心删除了已发布的产品,可以在"产品管理"页面的回收站中找到。并且可以在这里点击"恢复"按钮来恢复已删除的产品。

知识链接:

问:我的商品只有英文商标,那么商标添加页面上中文商标这栏要怎么写?

答:若您的商品只有中文或英文名的商标,在对应的中文输入框或英文输入框里分别输入填写即可。

您可以根据您的商标类型及商标注册地在对应的网站上查看到中文名或英文名信息(如中国商标您可以在中国商标局网站 http://sbj.saic.gov.cn/查询到对应的中英文名)。

例如,您的商品只有英文商标,在英文输入框里输入英文即可;若只有中文商标,在中文输入框里输入中文即可,如图 1 – 3 – 4 所示。

请注意:如果您的商标是中英文均有的,请一定全部填写,不然后期再订正修改会非常麻烦。同时,如果您后期要申请专卖店或者官方店,要求您的商标必须是英文商标的。

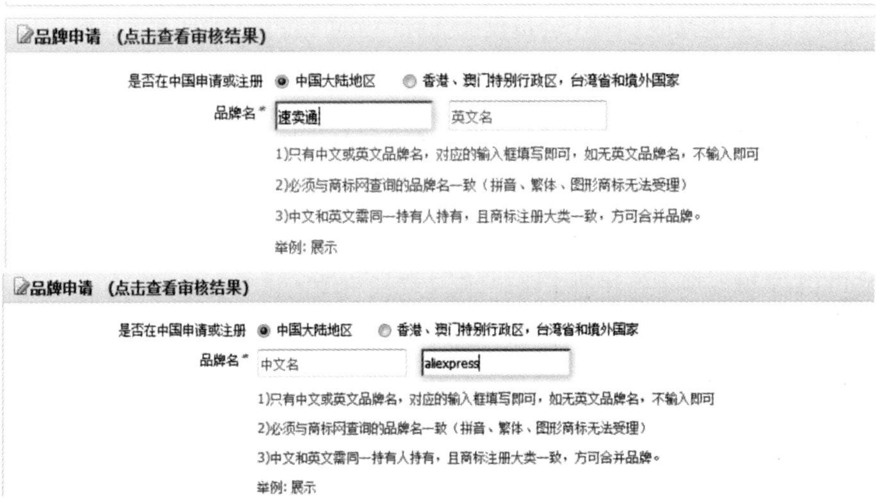

图 1 – 3 – 4　品牌申请

模块二　速卖通平台规则

知识目标: 了解速卖通平台店铺注册规则、发布规则、交易规则

能力目标: 能根据规则进行店铺注册、产品发布并进行合规交易

项目一　平台注册规则

在速卖通中注册开店的过程非常简单,只需要拥有一个你本人使用的电子邮箱及一个实名认证的中国支付宝账号就可以开启一个新的速卖通账户。在注册开店的支付宝绑定、电子邮箱验证、手机验证等过程中,需要根据注册商品类别向速卖通平台缴纳费用。注册成功后你将拥有一个系统自动分配的会员 ID,这个 ID 是唯一的,不能修改。一个会员仅能拥有一个可出售商品的速卖通账户(速卖通账户指主账户)。禁止出租、出借、转让会员账户;如果有相关行为,由此产生的一切风险和责任由会员自行承担,并且速卖通有权关闭该会员账户。

全球速卖通有权终止、收回未通过身份认证且连续一年未登录速卖通或 TradeManager 的账户。用户在速卖通的账户因严重违规被关闭的,不得再重新注册账户;如果被发现重新注册了账户,则速卖通将关闭该会员账户。

中国供应商付费会员若在阿里巴巴平台中因严重违规被关闭账户,则其在速卖通平台的相关服务或产品也将同时被停止使用。

项目二 平台发布规则

在速卖通平台发布产品是完全免费的,但这并不意味着你可以随意甚至恶意地发布产品。古人云:"欲速则不达"。在开展速卖通外贸生意之前,有必要先了解平台一系列的发布规则。

一、禁售、限售规则

禁售产品:指因涉嫌违法、违背社会道德或违背平台发展原则等原因,而禁止发布和交易的产品。

限售产品:指信息发布前需要取得商品销售的前置审批、凭证经营或授权经营等许可证明,否则不允许发布的产品。

具体的禁售、限售产品列表请参见《全球速卖通禁限售商品目录》,网址如下:http://seller.aliexpress.com/education/rules/post001.html.

需要重视的是以下禁售、限售产品:毒品、枪支、军警用品、各类药品、超长刀具、汽车安全气囊、音像制品、钱币、香烟、邮票、间谍用品、酒类、赌博用品、机票及航空制服、卫星接收设备、医学美容仪器、管制刀具等。

除了禁售产品外,我们还需要了解限售产品,例如电子烟等。有的限售产品无论是否涉及品牌,都需要经过前置审批才能发布。一旦发布,积分和店铺会面临处罚。可见速卖通后台禁限售积分处罚和店铺处罚表。

速卖通根据违规积分的等级制定了公平的处罚标准,分数按行为年累计计算。例如,卖家于 2014 年 5 月 30 日被处罚扣 12 分,则会被冻结账户 7 天,同时,这个处罚记录会保留到 2015 年 5 月 30 日才被清零。屡次被处罚的店铺,会被速卖通给予整个店铺不同程度的搜索排名靠后的处理。

二、知识产权规则

知识产权,指"权利人对其所创作的智力劳动成果所享有的专有权利"。未经知识产权所有人的许可,使用其依法享有的知识产权,即为知识产权侵权。

速卖通平台从 2014 年 6 月 16 日正式开始实施新规,被知识产权所有人投诉(不限于出售假冒盗版商品及专利商品),首次投诉成立不扣分,5 天内被同一知识产权投诉成立算一次,从第 6 天开始,再被同一个知识产权投诉成立扣 12 分,第 3 次再被同一知识产权投诉成立扣 36 分。一天内若被同一知识产权多次投诉成立扣一次分,时间以投诉处理时间为准(每次违规后,均需要进行知识产权学习)。侵权特别严重的店铺,阿里巴巴速卖通保留单方解除合同、直接关闭店铺的权利。

那么发布产品时,如何避免品牌侵权呢?

首先,参考速卖通规则专区下的品牌参考列表,如果其中没有列举,可以去国家商标网查询,确定你的商品是否构成侵权。如果依然不确定,那么要注意所有产品、店铺等发布到网上的信息中(包括文字和图片)都不能使用他人品牌名称或衍生词;产品图片中不能含有他人品牌名称或衍生词、商标或相似商标;不发布含有模仿他人品牌代表性图案、底纹或款式的产品。如何避免侵权,可参考以下网址:http://seller. aliexpress. com/education/rule/ipr07. html? tracelog – zhuanti。

一旦发布了侵权产品,在没有被投诉之前,如果你及时发现,立即删除就不会受到任何处罚。如果收到了知识产权所有人的投诉,也不必惊慌,采取积极有效的方法应对,可以将店铺的损失减少到最小。

你需要做的是登录知识产权保护系统:http://legal. alibaba. com,点击"我要回应投诉"按钮,查看知识产权编号名称,积极联系投诉方,取得对方的谅解和撤诉的机会。如果有证据证明自己的产品不涉及侵权,那么可以主动发起反通知。

如果你收到的是盗图的投诉,那么首先必须要确认这个行为是否真实存在。盗图不可取,但是有时候你所用的图片来自供货商平台,在沟通不到位的情况下,产生误会也是在所难免的。

如果遇到盗图的投诉,一旦投诉成立,一次扣 6 分,首次违规 5 天内算一次(不扣分);从第 6 天开始,每次被投诉扣 6 分;如果一天内有多次被投诉,则扣一次分,时间以投诉受理时间为准,可见这样的处罚是比较重的。如果你有胜诉的可能,不妨积极发起申诉。

首先打开投诉举报系统 http://channel. alibaba. com/complaint/home. htm,查看收到的投诉,点击"回应"按钮,提供响应的反申诉的原始图片就可以了。

三、搜索排序规则

速卖通的搜索排序是以帮助买家找到最符合其需求的产品为目标的。

排序是对产品相关性、产品信息质量、产品交易转化能力、卖家服务能力、搜索作弊情况等因素的综合考量。相关性包含例如类目与搜索词、标题与搜索词、属性等与搜索词的关系。信息质量通常包括类目、标题、属性、详细描述、图片、价格等信息的描述质量。而服务能力包含例如好评率、仲裁、服务响应速度、订单执行情况等。在平台规则反作弊方面,一旦商品有信誉销量炒作、类目乱放、成交不卖、标题滥用、重复铺货、超低或超高价等严重违规行为,卖家将受到违规商品排名靠后甚至是全店降权和关闭账户的处罚。

四、搜索作弊及行业规则

前面讲到反作弊,这里重点举例哪些行为是属于严重的搜索作弊行为。

下面学习几个卖家常犯的也是最容易疏忽的搜索作弊行为。

(一)搜索作弊之黑五类商品错放

黑五类商品错放指订单链接、运费补差价链接、赠品、定金、新品预告五类特殊商品没有按规定放置到指定的特殊发布类目中。比如你卖一个 50 美元的手提包,买家因为要求更换运输方式,需要补差价 5 美元,于是你放了一个 1 美元的链接,让买家拍 5 次。可是这个补差价链接放在了手提包的类目中,那么这个链接就属于商品设置超低价,你也有商品信誉炒作的嫌疑。所以正确的做法就是将商品发布到正确的类目下面。另外,特殊的补差价的链接要放在正确的特殊类目(special categary)下。

(二)搜索作弊之类目错放与属性错选

该行为指商品实际类别与发布商品所选择的类目不一致。对类目放错了的商品,平台将在搜索排名中将其排在后面,平台并将该商品记录到店铺搜索作弊违规商品总数里,当店铺搜索作弊违规商品累计达到一定数量后,将给予整个店铺不同程度的搜索排名靠后处理;情节严重的,将对店铺进行屏蔽;情节特别严重的,将冻结账户或直接关闭账户。

这类错误可能导致商品展示在网站前台错误的类目下,平台将对其进行规范和处理。例如将手机壳错放到化妆包"Cosmetic Bags&Cases"类目中,正确的类目应该为"Luggage&Bags > Digital Gear Bags > Mobile Phone Bags&Cases"。

那么如何避免类目错放呢？首先,要对平台的各个行业、各层类目有所了解,知道自己所售商品从物理属性上来讲应该放到哪个大类目下,例如准备销售手机壳,应知道它是属于手机大类下的;其次,可以在线上通过商品关键词查看此类商品的展示类目作为参考;最后,根据自己所要发布的商品逐层查看推荐类目层级,也可以使用商品关键词搜索推荐类目,从而在类目推荐列表中选择最准确的类目。在发布商品时要注意正确填写商品的重要属性(发布表单中标星号或绿色感叹号的属性)。

(三)搜索作弊之标题滥用和堆砌

标题滥用是卖家为提升商品排名,在商品标题中使用与实际商品属性不相符的词语或其他广告链接的违规行为。标题堆砌指在商品标题描述中出现关键词使用多次的行为。商品的描述使用相同或近似的关键词堆砌是不允许的。比如Stock lace wig Remy Full lace wig Straight wigs Human Lace Wigs#1 Jet Black 16inch,在这个标题中 wig 及 wigs 出现了 4 次,这样的标题给买家的阅读感受非常差。商品标题是吸引买家进入商品详情页的重要因素。

字数不应太多,应尽量准确、完整、简洁,用一句完整的语句描述商品。标题的描述应该是完整通顺的一句话,例如描述一件婚纱:Ball Gown Sweetheart Chapel Train Satin Lace Wedding Dress,这里包含了婚纱的领型、轮廓外形、拖尾款式、材质,用 wedding dress 来表达商品的核心关键词。

(四)搜索作弊之 SKU 作弊

首先需要了解什么是 SKU。SKU 就是 Stock Keeping Unit,即库存进出计量的单位,可以件、盒、托盘等为单位。SKU作弊就是卖家通过刻意规避商品SKU设置规则,滥用商品属性(如套餐、配件等)设置过低或者不真实的价格,使商品排序靠前(例如在价格排序时)的行为;或者在同一个商品的属性选择区放置不同商品的行为。SKU作弊大致分为以下几种情况。

第一,将不同的商品放在一个链接里出售(例如触摸笔和手机壳)。

第二,将正常商品和不支持出售(或非正常)的商品放在同一个链接里出售。

第三,常规商品和商品配件(例如手表和表盒)放在一个链接里出售。

第四,将不同属性的商品捆绑成不同套餐或捆绑其他配件放在一个链接里出售。例如,A款手机和A款手机绳捆绑成一个套餐及B款手机和B款手机绳捆绑成另一个套餐,放在同一个链接下销售的行为。

这些卖家想通过标低价的SKU产品来获得虚假的销售量,或者想通过虚假的SKU超低价格获得价格搜索排名,这样的行为都属于SKU作弊,是平台严厉打击的行为。

(五)搜索作弊之重复铺货

为保证买家的购物体验及平台的公平性,同一件商品同一个卖家只允许在平台发布一次,而且同一个卖家不允许通过多个账户分别或同时发布同一件商品,否则视其为重复铺货行为。

重复铺货行为包含但不局限于商品主图完全相同,并且标题、属性雷同;或商品主图不同(例如主图为同一件商品以不同角度拍摄等),但标题、属性、价格高度雷同。

重复铺货特殊情况说明:商品主图、标题、属性均雷同,但若有合理的展示需求时,则不视为重复信息,例如同一件商品设置不同的打包方式,商品的数量不能超过3个,多余的商品将被视为重复铺货处理。

(六)搜索作弊之更换商品

更换商品是指通过对原有商品的标题、价格、图片、类目、详情等信息修改后发布其他商品(含更新换代的产品,新产品应选择重新发布),对买家的购买造成误导;但如果修改只涉及对原有产品信息的补充、更正,而不涉及产品更换,则不视为"更换产品"的行为。

(四)全球速卖通老店续费规则及新卖家招商规则

速卖通平台始终致力于提升消费者体验,保障诚信商家的经营体验和权益,与您共同打造"好货不贵、丰富多元、乐趣"的全球品牌出海首选平台。

为了更好的保障消费者体验,规范卖家的经营行为,平台将于北京时间 2019 年 11 月 27 日下午 14:00 点左右启动新的招商政策。

针对 2019 年 11 月 27 日 14:00 功能上线后申请入驻的新商家,您无须向平台缴纳年费,但应按照卖家规则提供保证金。您在申请入驻经营大类时,应指定缴纳保证金的支付宝账号并保证其有足够的余额。平台将在您的入驻申请通过后通过支付宝冻结相关金额,如果支付宝内金额不足,权限将无法开通。

对此,请注意:

用于保证金缴纳的支付宝账号一经指定,在店铺未彻底退出、清算前,不得变更。在出现保证金处罚后,您也应当按照卖家规则通过该指定支付宝账号进行补缴(但请注意:卖家退出后,同一经营年度内不得再准入同一经营大类)。

平台未来会为经营能力良好的卖家引入网商银行作为额外担保人,为卖家遵守和履行卖家规则提供担保。对于由网商银行作为额外担保人的卖家,平台将释放由支付宝冻结的保证金,释放后,网商银行有权直接从平台释放的保证金中划扣与保证范围一致的金额,作为您向网商银行的履约担保。具体细则请您关注未来的平台公告。

针对北京时间 2019 年 11 月 27 日前已入驻的老商家,平台计划于 2020 年 1 月启动续签或重新入驻流程,细则还请关注平台 2019 年 12 月的公告。

新的招商政策其他常见问题澄清如下,具体还请以《卖家协议》及《全球速卖通平台规则(卖家规则)》("卖家规则")为准,尤其请见卖家规则第三章第二节(准入),第十四节(保证金),第十五节(履约担保),第三章第四节(违约金)。

1. 保证金的缴纳

2019 年 11 月 27 日后申请入驻的新商家,您无须向平台缴纳年费,但您应就您开设的各店铺向您指定的支付宝账户缴存一笔保证金,并由支付宝冻结。

保证金按您店铺入驻的类目(经营大类)收取,收取标准参照现有的年费标准链接 。如果您店铺入驻多个类目(经营大类),则保证金为多个类目(经营大类)中的最高金额,不做叠加。

2. 保证金的管理

如果卖家缴存了保证金,则速卖通有权在卖家违规情形出现时从卖家的保证金中划扣对应金额。

3. 保证金的退还

如果卖家缴存了保证金,卖家退出经营且不存在卖家规则规定的违规违约行为,保证金将全额原路返还至卖家绑定的支付宝账号中（或直接在支付宝账号中完成解冻）。如果存在卖家规则规定的违规违约行为,扣除相应部分后,余额部分会原路返还至卖家绑定的支付宝账号中（或直接在支付宝账号中完成解冻）。

4. 平台管理机制升级

平台鼓励持续给消费者提供良好服务的卖家不断壮大经营体量,但反对损害消费者体验的经营行为。平台将对考核规则升级:

第一,平台将启动店铺服务能力考核。平台将在商家成长基础上,升级原"服务能力"模块,重新定义服务能力考核指标,后续每月考核服务能力得分,若累计三次不满足平台要求清退出平台,清退后不予再次入驻。具体服务指标及规则,关注平台 12 月公告。

第二,商品治理。平台将加大商品搜索作弊的处罚,同时针对持续无出单无浏览曝光商品将定期下架,以此提醒卖家精细化运营自己的商品。具体规则关注平台 12 月公告。

项目三 平台交易规则

前面介绍了产品发布阶段要注意的规则,下面介绍交易环节中需要注意的规则。

一、成交不卖与虚假发货

成交不卖,指买家付款后,卖家逾期未按订单发货,或因卖家的原因导致取消订单的行为。成交不卖包括两种类型:买家付款后,卖家延误发货导致订单关闭;买家在发货前申请取消订单,同时选择是卖家原因造成的。成交不卖后产品会被下架。在一定时间内,店铺成交不卖的次数和比例累计达到一定数量后,平台将给予整个店铺不同程度的搜索排名靠后处理;情节严重的,将对店铺进行屏蔽;情节特别严重的,将冻结账户或直接关闭账户。

如何避免成交不卖呢?

第一,价格设置方面。当把产品从单件销售改为打包销售的时候,要记得把价格改过来。

第二,运费设置方面。当将产品设置为免运费的时候,很多卖家会忘记把运费成本考虑进价格成本。新手卖家很容易犯这个错误,设置好价格之后,要及时检查,还有要及时关注订单状态,在发货时要填写好运单号。

有些人想避开"成交不卖"的规则,填写无效的运单号,或者虽然运单号有效但与订单交易明显无关,这就构成了虚假发货。如果遇到转单号或运单号填写错误,则应在运单号修改时间范围内及时更新。低价值货物无法单个发货,建议设置成打包销售。

一般虚假发货的处罚是冻结账户 7 天。若店铺虚假发货订单累计达到 3 笔,就属于严重违规,予以冻结账户 30 天的处罚。虚假发货笔数较多或具有其他严重情节的,将直接关闭账户。

二、货不对版与违背承诺

货不对版是指买家收到的商品与达成交易时卖家对商品的描述或承诺在类别、参数、材质规格等方面不相符。严重"货不对版"行为包括但不限于以下情况：

第一，寄送空包裹给买家。

第二，订单产品为电子存储类设备，产品容量与产品描述或承诺严重不符。

第三，订单产品为电脑类产品硬件，产品配置与产品描述或承诺严重不符。

第四，订单产品和寄送产品非同类商品并且价值相差巨大。

违背承诺，指卖家未按照承诺向买家提供服务，损害买家正当权益的行为，包括交易及售后相关服务承诺、物流相关承诺、违背平台既定规则或要求，以及卖家违背其自行做出的其他承诺，对买家购物体验造成严重影响。一旦买家提起此类投诉，则根据情节轻重，卖家会被给予警告、7天冻结账户及永久关店的处罚。

三、不正当竞争与不法获利

（一）不正当竞争

不正当竞争指用户发生以下几种行为。

1. 不当使用他人权利的行为

卖家在所发布的商品信息或所使用的店铺名、域名等中不当使用他人的商标权、著作权等权利。

卖家所发布的商品信息或所使用的其他信息，造成消费者误认、混淆。卖家利用海外会员账户对其他卖家进行恶意下单、恶意评价、恶意投诉，从而影响其他卖家的声誉与正常经营的行为。

2. 不法获利

不法获利是指卖家违反速卖通规则，涉嫌侵犯他人财产权或其他合法权益的行为，包括但不限于以下情形。

（1）卖家在交易中诱导买家违背速卖通正常交易流程操作,获得不正当利益。

（2）卖家通过发布或提供虚假的或与承诺严重不符的商品、服务或物流信息,骗取交易款项。

（3）卖家违反速卖通规则被关闭账户后仍注册,或直接或间接控制、使用其他账户。

（4）卖家违反速卖通规则,通过其他方式非法获利。

一旦店铺被发现存在不法获利行为,平台一律给予关店的严重处罚。

四、信用与销量炒作

信用与销量炒作是指通过不正当方式提高账户信用积分或商品销量,妨碍买家高效购物权益的行为。对于被平台认定为构成信用及销量炒作行为的卖家,平台将删除其违规所得信用积分及销售记录,并且给予搜索排序靠后的处罚,对信用及销量炒作行为涉及的订单进行退款操作,并根据卖家违规行为的严重程度,分别给予警告、冻结账户 7 天、冻结账户 14 天(最严重的冻结账户 180 天)、清退的处罚;对于第二次被平台认定为构成信用及销量炒作行为的卖家,不论行为的严重程度如何,平台一律做清退处理。

五、促销规则

卖家在速卖通平台的交易情况需要满足以下条件才有权申请加入促销活动。

(一)有交易记录的卖家

第一,好评率 >90% 。

第二,纠纷率 <10% 。

第三,速卖通平台对特定促销活动设定的其他条件。具体参见每次活动要求。

(二)无交易记录的卖家

由速卖通平台根据实际活动需求和商品特征,接受卖家加入申请;但前提是店铺必须遵守报名规则,不卖假货,不提价销售,无成交不卖等行为。

六、物流与纠纷规则

卖家不得无故更改物流方式,所填写的运单号必须真实并且可查询,采用航空小包方式发货的必须挂号,在过去30天内小包"未收到货"纠纷大于或等于2笔且小包"未收到货"纠纷率大于15%的卖家会员,速卖通有权限制卖家使用航空大小包物流方式。

在经营过程中,纠纷是不可避免的,但是很多纠纷是可以提前预防的。产生纠纷的主要原因是货物与描述不符、商品质量有问题、货物短装、货物破损。如何避免纠纷呢? 对于新卖家只要做到如实描述、积极与买家沟通、及时关注纠纷订单进展、自学平台规则,就能大大减少纠纷的产生。

知识链接:

全球速卖通"虚假发货"规则

适用范围:

为了维护平台健康有序的市场秩序,制止虚假发货的行为,提升会员的用户体验,特制订本规则。

定义:

第一,在规定的发货期内,卖家填写的货运单号无效或虽然有效但与订单交易明显无关,误导买家或全球速卖通平台的行为。例如,为了规避成交不卖处罚,填写无效货运单号或明显与订单交易无关的货运单号等。

第二,卖家申明发货(即完成"填写发货通知")5个工作日后,运单无物流上网信息。

第三,卖家未按照平台物流政策规定选择物流发货方式。例如,违规使用线下经济类物流发货,或使用经济类物流冒充标准、快速类物流的行为。

注意:

第一,"货运单号无效"是货运单号本身不存在(包括使用小包未挂号导致无法追踪物流信息的情况)。

第一,"虽然有效但与订单交易明显无关"是指货运单号虽然存在,但与订单下单时间不符(如物流的收件时间明显早于订单下单时间),或寄递的地址明显与买家提供的地址不同(如寄递地址与收件人地址不在一个国家)。

第二,"物流上网信息"是以物流商提供的首条信息为准,线上发货一般是仓库揽收/签收成功;线下发货一般为收寄成功信息或物流商揽收成功信息。

分类:

虚假发货行为根据严重程度,分为虚假发货一般违规和虚假发货严重违规。虚假发货严重违规行为包括但不限于以下情形。

第一,虚假发货订单金额较大。

第二,买卖双方恶意串通,在没有真实订单交易的情况下,通过虚假发货的违规行为误导速卖通平台放款。

第三,多次发生虚假发货一般违规行为。

模块三　市场选品

知识目标：

1. 了解跨境电商全球速卖通店铺平台选品方法

2. 了解不同跨境平台之间的选品方式区别

能力目标：能进行跨境电商全球速卖通平台数据纵横选品分析操作

项目一　选品方法

一、跨境选品

(一)跨境选品的意义

近年来,在传统外贸增长乏力的经济形势下,跨境电子商务作为新的贸易模式,逆势稳增长。跨境电子商务模式已经成为了中国进出口贸易的重要增长点,在互联网时代下的"新业态",倒逼传统的生产制造业、贸易行业快速升级转型,为全球新冠疫情后时代经济疲软提供了重要的助力和手段。中国已开始在保持原有的"生产制造"大国,向"互联网贸易"大国升级。已在全国各主要城市快速推进,逐渐成为我国对外贸易新的增长点。但在跨境电商实践中,虽然每年进军跨境电商的人很多,但是真正把自家的店铺经营得有模有样,真正能够赚到足够利润的卖家却很少,大部分商家激烈的跨境电商市场竞争潮流中,被悄无声息地埋没了。其原因就是选品这一关没有做好。在跨境电商这一行业中流传着"七分选品三分运营"的话,销售好的产品、对的产品是成功的一半,跨境选品的重要性可见一斑。

(二)跨境选品的含义

在跨境电子商务运营过程中,销售过程中的技术技能固然重要,但"卖什么"意义显得突出。跨境电商选品原则是:货买全球,货卖全球,产业优势明显并能为全球用户所喜爱,是选品中首先要考虑的问题,但也不能把目标只锁定在本国或本地的产品上面,可以放眼全球进行数据分析和采购。比如非洲某些国家随着物质文明的发展和欣赏眼界的改变,波西米亚风服装逐渐被接受,我们选品时可以把选品方向扩展到印度、巴基斯坦等国进行采购。只卖对的,有效分析目标市场,预判市场流行趋势,才能把握选品真谛。

(三)跨境选品的营销因素

1. 根据平台特点进行选品

主流跨境电商平台特点:

(1)亚马逊平台:全品类销售平台,会员制消费,客单价在30~50美元产品热销,欧美地区消费者居多,流量主要来自谷歌(google)搜索引擎。

(2)eBay平台:全品类销售平台,拍卖是平台特色,客单价在10~50美元为适合,大型健康器材销量最大。

(3)Wish平台:流量多来自移动端客户,客单价在0~30美元的产品易出单,销售品类多,容易被推荐。

(4)全球速卖通平台:以价格为导向的平台,注重"双十一"等平台促销,流量主要来自谷歌(google)搜索引擎。

(5)Shopee平台:新兴泛东南亚平台,多为移动端客户,客单价在10~30美元是易出单产品。

2. 根据销售目标国家进行选品

（1）亚马逊平台主要目标国家：美国、加拿大、墨西哥、英国、德国、意大利、西班牙、法国、印度、日本、澳洲、巴西。

（2）eBay 平台主要目标国家：美国、奥地利、澳大利亚、比利时、巴西、加拿大、中国、法国、德国、印度、爱尔兰、意大利、韩国、马来西亚、墨西哥、荷兰、新西兰、菲律宾、波兰、新加坡、西班牙、瑞典、瑞士、英国和阿根廷。

（3）Wish 平台主要目标国家：北美、欧洲以及其他零星国家。

（4）全球速卖通平台主要目标国家：美国、俄罗斯、德国、法国、巴西。

（5）Shopee 平台主要目标国家：马来西亚、菲律宾、印尼、泰国、新加坡、越南。

3. 根据季节进行选品

（1）季节选品

春季：对于全球性购物而言，春季产品较少而且销售时间短，跨境卖家在这个时段应该"更新上架产品"品种。服装鞋帽类、户外运动类、健康用品、美容美妆、园艺家装、珠宝配饰、日常用品及电子类产品相对热销。

夏季：夏季普遍客单价较低，可以重点考虑户外运动、骑行、钓鱼、登山、珠宝配饰、服装鞋帽、箱包、3C 类产品、休闲食品、玩具、手表眼镜、智能产品等。

秋季：从这个季节开始跨境电商卖家进入销售旺季，运动户外、服装鞋帽、箱包、3C 类产品、家居、厨房用品、文化用品、宠物用品、情趣用品、数码用品等进入热销。

冬季：冬季客单价较高，出单量激增，卖家要抓住这个季节进行全方位销售；服装鞋帽、健康器材、汽车配件、宠物用品、电子产品等都处于销售高峰。

淡季选品：每年的 1~6 月，称为销售淡季。主要集中在春、夏季，针对销售淡季要及时调整产品销售方向，争取保证淡季的出单量。淡季时重点考虑：户外类、运动类、游泳类、珠宝配饰类、夏季服饰类、箱包类（双肩包）、小电子类、礼品类、家居装饰类等产品。

小旺季：每年的 7~9 月，称为淡季中的旺季。产品主要集中在：登山、旅游、露营、骑行等户外类、家庭装饰类、户外运动、室内运动、眼镜配饰等。

旺季选品:每年的 10～12 月,是全年销售最旺的季节;所有商品品类都有销量,要抓住旺季,可以考虑服装鞋帽、家居家具、家庭装饰、家用电器、个人健康、情趣用品、宠物用品、儿童用品、电子配件、户外运动、箱包、旅游用品等。

特别要注意的是南北半球国家的销售季不同,当北半球进入淡季的时候,南半球进入销售旺季。要把握好半球淡旺季节的差异。

（2）节日选品

国外和中国一样,每年都有几个比较隆重盛大的节日,抓住这几个节点,卖对相应热销品,一定会有不小的收获。下面是国外的几个重要节日和其热销品类可以供参考。

情人节。小饰品、珠宝、手表、箱包等。

复活节。户外用品、园艺产品、美容化妆品、服装等。

母亲节/父亲节。时尚饰品、珠宝、手表、箱包、贺卡、电子产品、运动产品等。

劳动节。服装、美容美化产品等。

万圣节。体育用品、毛绒玩具、南瓜灯、角色扮演（Cosplay）用品等。

感恩节。毛绒玩具、礼品、家用电器、美容化妆品、厨房小工具。

圣诞节。鞋服、取暖设备、时尚饰品、珠宝饰品、滑雪设备、电子产品等。

开学季。服装鞋帽、书包、文具、手电、智能小电子产品等。

黑色星期五。服装鞋帽、家居用品、室内装饰、厨房用品、户外用品、宠物用品、运动产品、小家电等。

网络星期日。亚马逊发起了 11 月 25 日网购日的活动,热销品类有珠宝、家装装饰、灯饰、婴儿用品、鞋帽、厨房用品、服装、电子消费品品。

毕业季。婚纱礼服、面具假发、情趣内衣、塑身衣、礼品类等。

4. 根据热卖趋势进行选品

平台热卖品分析方法包括以下五种。

（1）销量调查。先查找某一类产品的销售量,再调查 10 个左右同类产品,重点关注销量排名 300～1000 的产品。

（2）评论调查。选择客户评论多的、评价好的产品,特别要注重高价值产品的评论。

（3）走势分析。首先分析过去 1－3 个月的销量，在销量分析的基础上，综合销售季节分析来判断未来销售量走势，要注意政策的变动，防止政策对选品准确性产生重大影响。

（4）风险控制。要注意国际品牌侵权、FBA 卖家侵权等。

（5）价格分析。对过低价格、平均价格、非常规价格要认真分析。

（四）跨境选品基本法则

第一，透彻掌握销售平台的特点和主要推荐商品品类。

第二，了解销售国家的消费群体架构、购物习惯、风俗文化、生活特点。

第三，善于使用调查工具，调查出平台热卖商品，用大数据寻找蓝海产品。

第四，善于利用重要节日，销售节日产品。

第五，利用淡、旺季变换与更新产品，做到淡季不淡，旺季大旺。

第六，试错是跨境选品永远要进行的一项任务，爆款就是不断试错的结果。

二、大数据选品

（一）大数据选品的重要性

现如今主流跨境电商第三方平台上产品类目数据已达到万亿，在如此海量的数据中，卖家究竟该如何从海量数据中提纯出有效数据，如何根据数据稳、准、狠地打造爆款，使用现代化选品工具，进行大数据选品，具有非常重要的现实意义，大数据选品也是现在跨境电商行业中非常具有专业素养和研究价值的一部分内容。

（二）选品工具

1. 站内数据工具

跨境电商平台都会有自带的站内数据工具，例如 eBay 有 ebay plus，亚马逊有四大排行榜,速卖通有数据纵横、wish 有跨境商户数据分析平台以及敦煌网的数据智囊。

2.站外常用的工具

站外常用的工具有 Google Trend。Google Trend 是 Google 推出的一款基于搜索分析的产品,通过分析 Google 全球数十亿计的搜索结果,告诉用户某一搜索关键词各个时期在 Google 被搜索的频率和相关统计数据。

通过 Google Trend 可以了解到消费者在网络上对什么事情感兴趣。以外贸行业的超爆品指尖陀螺为例,输入关键词 fidget spinner, 可以看到趋势曲线,2018年 1 月曲线开始上升,3 月份开始飙升,5 月底为最高峰,然后慢慢回落,8 月份差不多回落到 3 月份的水平。通过曲线图,可以判断产品有没有需求以及需求是在上升还是下降,如果是上升的话那肯定要及时给予关注。

此外,VOTOBO.com 也是一个不错的分析网站,该网站针对 eBay、速卖通、wish 和亚马逊的热销排行及飙升排行进行实时监控,可以邮件订阅查看指定关键词下的热销产品数据分析。

(三)大数据选品法则

1.国家维度选品法则

根据国家维度进行选品时,要目标国家消费者的网购占比、消费习惯、生活方式、网购年龄、运动类型、喜好颜色、宗教信仰等几个方面来进行衡量和考虑。

网购占比。美国:17.6%;德国:14.2%;英国:11.8%;法国:13.6%;中东:8.3%;东南亚:7.2%;俄罗斯:7.9%;非洲:4.7%;南美:4.3%。

消费习惯。生活用品、运动户外、家居家具、电子产品、服装鞋帽及周边、宠物用品、新奇特产品、玩具、休闲食品、影像制品等网络复购率高。

生活方式。欧美地区人生活喜欢聚会(party),开学季、毕业季、婚庆穿戴及生活崇尚自由、开放;朋克类、cosplay 类、情趣类、户外类集中;亚洲人宗教复杂,相对小巧精致产品被欢迎;非洲、俄罗斯人种高大,大码服饰、3C 类产品受青睐等。

购物年龄。欧美人网购年龄为 14～50 岁；亚洲人网购年龄为 16～55 岁；集中购物年龄为 18～45 岁；其中 72% 网购性别为女性。

运动类型。欧美人喜好运动有：橄榄球、篮球、羽毛球、网球、足球，休闲时喜欢沙滩游泳、登山、狩猎、露营；亚洲人喜好运动有：室内健身、旅游、自驾游等；俄罗斯及北欧人喜欢：帆船、滑雪及水上运动等，另外跑步、瑜伽、旅游全球都热爱。

喜好颜色。欧美人相对喜好单调、纯色；喜欢流行的卡通动物图案，如美国人喜欢"老鹰"图案；国旗图案及颜色搭配对欧美人具有吸引力；亚洲人更喜欢花色或拼色图案，民族风、波希米亚风是亚洲夏季喜好的颜色。

宗教信仰。欧美人信奉基督教，对该教对应的产品热衷；东盟及中东地区人信奉伊斯兰教；东南亚人信奉佛教。

购物网站。美国人网购主要网站有 amazon，eBay，wish，Groupon，Newegg；俄罗斯人购物网站有天猫国际、速卖通、joom、umka 等；欧洲人购物网站有amazon、eBay、wish、Cdiscount 等；日本人购物网站有 amazon、乐天、网海、雅虎等；东南亚购物平台有 Lazada、shopee、11 街等。

国家政策。欧美地区网购进出口全球开放；东南亚网购逐步开放；印度对中国产品限购；俄罗斯习惯网购中国产品；中东地区部分产品限制销售；东南亚习惯购买廉价商品。

物流方式。目前欧美地区几乎所有物流都可送达；东南亚国家当地配送时效较慢；俄罗斯当地配送周期长；南美、非洲物流方式较少；中东地区物流不顺畅；日本物流专线可送达；海外仓将会缓解全球物流配送问题。

平台全球销量占比。amazon：18.4%；eBay：11.7%；wish：7.1%；淘宝：21.1%；速卖通：3.7%；其他：38%。其中移动端下单客户占比为：77%。

平台周销量数据规律。分析一周的平台销售业绩数据显示，欧美地区网站周一、周二销量在一周内较低，周三到周日递增（节假日活动除外），跨境电商卖家如果做营销、活动，应该在每周的周五进行，周六、周日销量最大。

2. 平台维度选品法则

掌握平台维度分析对选品、营销有着重要作用。

（1）平台购物群体分布

amazon 平台站点分布在全球 14 个国家，几乎全球人都可以在亚马逊平台购物；eBay 平台覆盖到全球 42 个国家；Wish 平台购物群体主要来自欧美地区；速卖通平台消费者重点在俄罗斯、美国、德国和巴西；其他区域性平台一般来自本地区购物者。

（2）平台热销类目

amazon 平台是全品类综合购物平台，但音像制品、玩具、3C 类、服装鞋帽、户外销售量较大；eBay 平台中汽摩配件、游戏产品、宠物用品、配饰类销量较多；速卖通平台主要以价格取胜，家居家具类、服装箱包类、园艺配件等销量最大；wish 平台以小价值产品销售最好，一般热销产品价格在 7～20 美元；其他平台根据所销售国家不同，产品品类也有很大区别。

（3）平台流量来源

amazon、eBay 平台流量主要来自"谷歌搜索引擎"和平台本身自有流量，另外还有来自其他如社区媒体、自媒体等；wish 平台流量主要来自于一些社交、视频媒体等；速卖通流量主要来自平台本身的"橱窗推荐""站内卖家推广""联盟营销计划"社交网站、站外 SEO、网红等；Wish 流量主要来自一些社交视频媒体，以及自建站引流等。

3. 商品类目维度选品法则

（1）商品类目分析

确定一个商品销售，首先要看商品属于哪一个"一级类目"，继而要看"二级、三级"类目，分析该类目在某个国家、某个平台的销售状况，查看销售历史记录，判断当前和今后该类目的发展趋势，决定该类目产品销售周期。

（2）利润比分析

分析该类目在某个平台、某个国家的利润状况，根据卖家自身发展状况，决定销售方向。例如：有些类目利润低、出单量大；有些是出单量不大，但利润较高的类目。有些是较专业的商品类目，如渔具、开源硬件等。对于中小卖家而言，出单量大而利润低的商品可以尝试，以此来沉淀团队、经验和资金，有利于发展。

（3）卖家数量分析

卖家数量也是一个重要的考察标准,中国卖家习惯价格战,如果一个热销品类在同一个平台上卖家数量很多,将会出现"价格战"。当然卖家数量较少的品类,同时也要看有没有销量,找出没有销量的原因而改进,对新卖家来说是不错的尝试。同时有些新兴平台和市场,中小卖家可以积极尝试,相对此类平台对大卖家也是尝试,竞争相对是公平的。

（4）销量时段分析

无论销量大小,产品销量每天都有变化,不仅要分析出每周的销量变化曲线,更要找出销量变化的时段峰值,很多地区有时差,在销量峰值的时段,客服及时回复、做一些推广活动,将是中小卖家取胜的根本。

（5）销售季节分析

很多产品是有明显的季节性的,如服装鞋帽、节日产品等;分析上架时间和物流配送周期十分重要,甚至考虑做一些"反季"产品在不同纬度国家上架,会取得很好的效果。

（6）用户使用率分析

用户使用率是选品的一个重要参考值,一般易耗品、差异化产品、复购率高的产品,可以考虑周边配套产品综合销售方案,同时最好套装销售,可以用物流差价赢得利润。

4. 颜色维度选品法则

（1）性别对颜色的偏好

一般男性对产品的图案或颜色多偏向单一化,对于男性使用的产品而言,最好是单一颜色或者有吸引力的颜色。

女性消费者对颜色特别敏感,职业化、正式场合使用的产品尽量选择单一颜色,但其他产品如服饰、箱包等产品的颜色,尽量多样化。

（2）国家对颜色的偏好

美国:美国人喜爱白色,认为白色是纯洁的象征;偏爱黄色,认为是和谐的象征;喜欢蓝色和红色,认为是吉祥如意的象征。他们忌讳黑色,认为黑色是肃穆的象征,是丧葬用的色彩。如果需要用到动物做包装图案,卖家们可以选择白猫,很多美国人认为只有白色的猫才能带来好运气。

俄罗斯:俄罗斯人偏爱红色,常把红色与自己喜欢的人和事物联系在一起。白色表示纯洁、温柔,绿色代表和平、希望,粉红色是青春的象征,蓝色表示忠贞和信任,黄色象征幸福、和谐,紫色代表威严与高贵,黑色是肃穆和不祥的象征。

英国:英国人喜欢淡雅色彩、黑、深蓝,但对绿色十分反感,英国人忌讳大象图案和用人像作为商品装潢。玫瑰花是英国的国花,属蔷薇科。

法国:法国人大多喜爱蓝色、白色与红色,对红、黄、蓝均喜欢,视鲜艳色彩为时髦、华丽、高贵。他们所忌讳的色彩主要是墨绿色。

日本:日本在颜色方面的喜好与禁忌和中国很相似,在日本,黑色被用于丧事,红色被誉为吉祥、喜庆的象征,被用于包装礼物的主色调。黄色在日本当地也很受欢迎,一般新生的婴儿都要穿黄颜色的衣服,因为黄色被认为是阳光的颜色,可以起到保温的作用。所以在销售婴儿服装时,可以选择黄色,或者和黄色相近的橙色都可以。

泰国:去过泰国旅行的人都知道,在泰国市面上包装、服饰使用的都是颜色鲜明的红、黄色。而且在泰国有一个非常有趣的习惯,当地人会使用不同的颜色作为日期,人们会按照日期穿不同颜色的衣服,星期一为黄色,星期二为粉红色,星期三为绿色,星期四为橙色,星期五为淡蓝色,星期六为紫红色,星期日为红色。所以,出口泰国的商品颜色上要以鲜明的色彩为主。

印度:印度人喜欢红色、蓝色,他们认为红色表示生命、活力、朝气和热烈,蓝色表示真诚。特别是在生活和服装色彩方面,他们以红、黄、蓝、绿、橙色及其他鲜艳的颜色为主。对于黑、白色和灰色,印度人很排斥,认为这些色彩充满了负能量。

5.数据维度选品法则

(1)价格选品分析

对于产品选品来说,产品价格比较敏感,不仅要在同一平台上比较同类产品的价格,还要调查分析不同平台同类茶产品的价格因素。产品的定价和产品企业的发展密不可分,不一定是价格最低就能获得大量订单,上架产品的各种参数、图片、配送方式、优惠政策、后期服务等因素都要综合考量,还要预留出因推广活动带来促销的价格空间,再进行利润分析后决策选品方向。对供应链的供货价格要不断优化,争取在价格方面抢得先手。

(2)销量排名分析:每个平台都有某个品类产品的销售排名,排名越高的产品,自然流量就会越大,特别是 amazon、eBay、速卖通等平台;在销量排名分析中,找出排名的变化曲线,排除因促销、清库存因素产生的大订单排名因素;同时要分析出品牌卖家、平台自主卖家排名规律,再结合自身选品的产品进行决策;一般排名在前 200 位的卖家,大都是平台卖家或大品牌卖家,在选品时可以根据其他高排名卖家品类进行分析或者进行产品的微创新,赢得市场。

(3)评论分析:找出销量较大的单个产品卖家,查看产品的评论;如销量持续较大,而好评较多的产品,选品时要注意其他卖家是否有品牌效应,自身选出的产品与该产品无论从价格、品质、服务等方面是否有优势,对于销量大而差评也很多的产品,认真研究差评的集中点在哪里,自己销售同类产品是否能优化和改进差评,如果能做到把差评集中问题进行改善和优化,该选品将会赢得很大的机会。

(4)销售变化分析:销量的变化分析,决定该产品未来的走势和热销周期,对选品十分重要。分析出该产品的同类产品在几个平台前 3 个月的销量走势,同时观察近一周的各个同类产品卖家的销量变化,做出曲线变化图形进行分析研究。如果销量刚刚有上升趋势,卖家数量相对不多,卖家每天都有增长,该产品未来将会呈热卖区间。同时要考虑因季节因素带来的销量变化,做到有的放矢。

项目二　跨境电商平台选品技巧

一、速卖通选品技巧

1.速卖通选品法则

选品是跨境电商全球网络零售成功与否的关键环节。选品好,事半功倍,迅速出单;反之,产品在各个跨境电商第三方平台的销售将很难有好的表现。所以,要对全球速卖通等平台销售产品的品类情况、跨境产品的特点、选品的渠道和方法等进行详细了解。

(1)产品角度选品

A.一定要选择差异化的产品。在打造爆款时,一定要有自己的特色。如果选择市场同质化非常严重的产品,不但价格竞争非常大,而且很多竞争对手都已经积累了一定的销量和评价,对于这样的产品在速卖通平台上很难打造成爆款。

B.尽量选择优质产品。评价对于产品的搜索排序和客户下单转化起着至关重要的作用,而且纠纷率对类目影响很大,所以要选择质量比较优质的产品才能持续提升竞争力。

C.快时尚产品更适合打造爆款。快时尚产品由于是当下流行的产品,因此拥有较高的搜索量,如果通过进一步数据分析,该快时尚产品属于蓝海产品,且在产品周期中处于上升阶段,可主推这样的产品,将其打造成爆款。

D.品牌商品是盈利的支柱力量。跨境电子商务已经发展到了成熟的阶段,从现在主流跨境平台上盈利能力来看,铺货方式的利润率非常低了,品牌化的时代已经到来,选择有品牌的产品去推广,才能保证利润的持续增长。

(2)货源角度选品

A.在选品时,特别是推爆款和主打产品时,要考虑库存充足性问题。爆款的订单量大,物流压力就会比较大,要提升物流速度,让用户拥有良好的购物体验,把握好供应商产品的库存非常重要。

B.产品在备货时颜色、尺码、规格要齐全,尽量满足客户的需求。此外选定一款产品打造爆款时,可以跟供应商沟通,让供应商提供一些免费样品支持,利用样品向一些达人做前期营销,积累好评,更有助于打造爆款。

(3)市场角度

A.熟悉平台热销产品,选品时可以选取平台热销产品或其相关产品,切记不要打价格战,尽量做一些差异化产品。

B.通过搜索关键词合理选品。通过后台的关键词分析筛选出买家热搜的词汇,参考其他指标后综合进行选品。

C.关注其他平台热卖,及时掌握市场动态。

D.利用零少词(蓝海行业)选品。

2.速卖通站内选品方法

(1)Aliexpress Bestselling

在速卖通的首页有 Beatselling 的快捷入口,Weekly Selling 和 Hot Products 是整个速卖通平台的热销产品,这些产品在主流国家的认可度高,可以参考这些产品选一些类似的产品去作为爆款,这样在销量和评价上提升的速度会更快。

图 3 - 2 - 1　Aliexpress Bestselling 入口

（2）Today's Deals

Today's Deals 是大家比较熟悉的平台活动——全球场,全球场每一期展示的是行业小二筛选了很多卖家和产品后,通过审核比较推荐的优质产品。行业小二对整个速卖通的市场趋势和客户需求分析比较成熟,在选品上更贴合平台和客户的要求,所以全球场是选品的很重要的一个参考因素,并且全球场活动数比较多,报名条件要求也不高。

图 3 - 2 - 2　Today's Deals 入口

（3）类目选品

速卖通是一个针对全球客户的平台,每个国家的使用习惯有很大的区别。根据后台的商铺流量来源分析和商品分析,可以发现很大一部分客户,尤其是新客户,在速卖通网站购物时,都会使用平台的类目导航去搜索想要的产品。通过长期的分析和总结,不难发现,平台的类目导航到每个三级类目下,产品的排序和关键词搜索界面的排序大致相同,所以类目浏览的流量越来越大,订单转化率也往往会很高,通过这样分析,可以更有针对性地找到一些热销的三级类目,并据此进行选品。

(4)直通车选品

直通车分为两种,一是快捷推广计划,二是重点推广计划。快捷推广计划主要是用来进行测款,重点推广计划主要用来打造爆款。

A.快捷推广计划思路

a.选5～10款相同类目的产品,做一个快捷推广计划,尽可能把关键词加满,多加匹配流量词,让这些产品最大化曝光;

b.用7～10天的时间观察产品的数据变化,从商品曝光、点击率、商品收藏、销量、转化率维度进行分析;

c.依照高曝光、高点击、高收藏的标准,挑出这些产品里表现最好的一款产品,加入重点推广计划。

B.重点推广计划思路

a.添加所有系统默认推荐的关键词;

b.下载数据纵横搜索词,分析热点搜词里和商品匹配度最高的关键词;

c.酌情选择直通车中关键词工具中推荐的关键词;

d.有些关键词需要根据自身产品特点选择适合产品的关键词,进行良词推优;

e.调整关键词的出价,保证欲打造爆款的曝光率。

3.运用全球速卖通店铺后台数据选品分析

进入全球速卖通后台,打开"数据纵横"—"商机发现"—"经营分析"页面。从该页面可以分别进入行业情报、搜索词分析、选品专家、成交分析、商品分析、实时风暴等页面进行数据分析。

图 3 - 2 - 3　数据纵横

（1）点击"选品专家"进入产品分析页面

点击"热销"，进行"行业""国家""时间"数据筛选，查看气泡图。圈的大小表示销售热度，圈越大，该产品销售量越高。蓝色越深，代表商家竞争越小，红色越深，代表商家竞争越大。

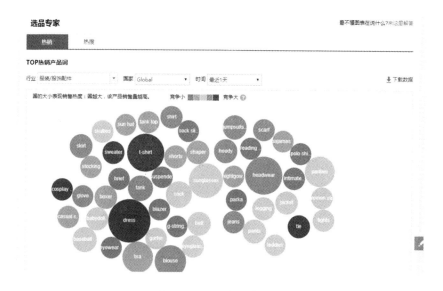

图 3 - 2 - 4　选品专家1

（2）点击"t – shirt"圆圈进入此类产品销量分析页面

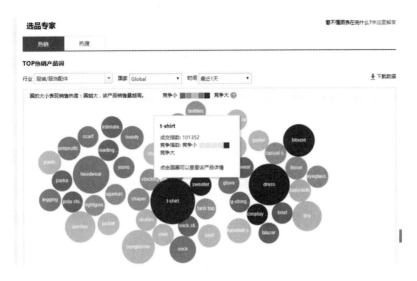

图 3 – 2 – 5　选品专家 2

（3）进入 t – shirt 品类,进行 t – shirt 销量分析

圆圈面积越大,产品销售量越大;t – shirt 关联产品连线越粗,买家同时关注度越高。

图 3 – 2 – 6　选品专家 3

（4）t–shirt 产品热销属性分析图

图 3 – 2 – 7　产品热销属性分析 1

点击 t–shirt 气泡进入热销属性分析,不同颜色的圆圈代表不同产品的属性类别,点击进入可进一步看到不同属性大类下的产品类别细分。

（5）点击"clothing",可以看到产品细分有"regular""short""long"三个子类别

图 3 – 2 – 8　产品热销属性分析 2

（6）点击右上角的"下载数据",可以得到产品属性值销量分析图表,进行成交指数整理排序

	A	B	C	D	E	F
1	行业	国家	商品关键词	属性名	属性值	成交指数
2	服装/服饰配件	Global	t-shirt	material	cotton	21234
3	服装/服饰配件	Global	t-shirt	material	polyester	15282
4	服装/服饰配件	Global	t-shirt	material	spandex	6096
5	服装/服饰配件	Global	t-shirt	material	modal	1049
6	服装/服饰配件	Global	t-shirt	material	lycra	989
7	服装/服饰配件	Global	t-shirt	pattern type	print	11560
8	服装/服饰配件	Global	t-shirt	pattern type	solid	6966
9	服装/服饰配件	Global	t-shirt	pattern type	letter	3133
10	服装/服饰配件	Global	t-shirt	pattern type	character	2471
11	服装/服饰配件	Global	t-shirt	pattern type	animal	972
12	服装/服饰配件	Global	t-shirt	tops type	tees	29383
13	服装/服饰配件	Global	t-shirt	item type	tops	29383
14	服装/服饰配件	Global	t-shirt	gender	women	15780
15	服装/服饰配件	Global	t-shirt	gender	men	13603
16	服装/服饰配件	Global	t-shirt	collar	o-neck	25394
17	服装/服饰配件	Global	t-shirt	collar	v-neck	2425
18	服装/服饰配件	Global	t-shirt	collar	slash neck	545
19	服装/服饰配件	Global	t-shirt	collar	n-down co	353
20	服装/服饰配件	Global	t-shirt	collar	turtleneck	207
21	服装/服饰配件	Global	t-shirt	brand name	none	1772
22	服装/服饰配件	Global	t-shirt	brand name	enname_n	1314
23	服装/服饰配件	Global	t-shirt	brand name	liva girl	878
24	服装/服饰配件	Global	t-shirt	brand name	gildan	715
25	服装/服饰配件	Global	t-shirt	brand name	mpson lan	565
26	服装/服饰配件	Global	t-shirt	style	fashion	14831
27	服装/服饰配件	Global	t-shirt	style	casual	11993
28	服装/服饰配件	Global	t-shirt	style	novelty	1481

图 3 - 2 - 9　导出数据分析表

根据销量指标分析,选择适合自己经营的货源品类。

二、eBay 平台的选品技巧

1. eBay 平台选品法则

(1)在 eBay 平台上选品时,其价格和重量比例数值越大越好,最好选择利润率在 50% 以上的产品。

(2)要有试错意识,如果反复试销后产品依然不见起色,不要害怕亏本,要及时处理,更换方向。

(3)切记跟风选品,也不要试图进入产品价格竞争力大的利基市场。因为这些市场中风险大、耗资大,经验丰富的卖家只要将产品以最低价出售,就能轻易打败你。

（4）不跟卖 eBay 上的畅销品。因为畅销的产品一般由大玩家主宰，竞争非常激烈，小卖家想跟卖，获得的利润会非常低，不利于业务发展。在 eBay，只要有足够的利润率，做到及时出货、制定有效的退货流程、提供出色的客户服务，销售任何产品都是可以赚得利润的。

（5）eBay 上销售的产品价格适合在 150～300 美元之间。

（6）选择易于组装和使用的产品。不易组装的复杂产品容易引起客户对产品的不满，提高投诉率，从而影响店铺运营。

2. eBay 平台的选品技巧

（1）要进行市场调研，调研时要考虑三个重要事项

A. 了解产品标识符。要了解标识符所代表的信息。掌握用的是 UPC（12 位条形码）、EAN（13 位条形码）、ISBN（书籍专用 12 位条形码）还是 ASIN（亚马孙 12 位条形码）。一定要注意先在正确的地方从正确的产品标识符入手，避免在错误的地方把时间浪费在错误的标识符上，这点非常重要。

B. 衡量产品状况。要分析有多少卖家供应这款产品，有多少条评论或销售历史记录。查看卖家的反馈，Google 上搜索这款产品。所有这些数据点有助于了解产品的需求。"Google Trends"和"Google 关键字规划师"这两款免费工具提供了每月搜索量数据和平均每次击点费用，有助于您了解不同时间特定搜索词的热门程度。

C. 衡量产品状况。分析有多少卖家供应这款产品，它有多少条评论或销售历史记录。查看卖家的反馈，Google 上搜索这款产品。所有这些数据点有助于您了解产品的需求。"Google Trends"和"Google"关键字规划师这两款免费工具提供了每月搜索量数据和平均每次击点费用，有助于您了解不同时间特定搜索词的热门程度。

（2）关注细分产品和利基产品

利基产品（Niche Product）受众群不会很多，它是因为传统市场未能满足需求，所以应运而生的小众产品。利基产品有不错的利润点，虽然客户群小众，但是需求一定不低，有相对的竞争度。利基产品也是社交平台或者论坛网站关注讨论

的焦点,能够在网上很容易找到目标客户。比如大码服装、左撇子专用产品等。所以说,大类目下的细分产品有可能就是一个蓝海产品。

（3）充分了解目标市场

不管是欧美市场、东南亚市场还是中东市场,各市场的需求都是不同的。比如数据线、移动电源基本在每个国家的每个电商平台都是热销商品,重点在哪呢?在西欧主流国家有相当一部分比拼的是品牌和品质,欧洲二线国家市场比拼的是性价比,而东南亚市场比拼的是价格,所以目标市场人群分析、产品定价都是选品阶段要考虑的重要因素。

（4）善于发现产品趋势

多关注一些社交网站、流行博客等,以便掌握最新产品动态。

a. Pinterest 等专注分享的社交网站会含有很多流行的产品信息。

b. Polyvore – Polyvore 一个让用户做时尚 DIY 分享的网站。它最大的特色就是让用户可以进行时装、配饰的搜索浏览,同时还可以将喜欢的衣物进行搭配拼接,做出有时尚感的图片。

c. Fancy – Fancy 定位是一个集店铺、杂志及许愿单为一体的网站。这里可以查看各种场合下流行的礼品。

d. Wanelo – Wanelo（即 Want – Need – Love）是全球购物社区,以类似 Pinterest 的方式展示产品和店铺。

除了上述社交网站,有一些网站经常会更新一些每日最新的产品趋势,可以根据这些产品趋势来了解市场信息。推荐一些流行产品的博客:Uncrate,Outblush,BlessThis Stuff,CoolMaterial,GearMoose,Werd,HiConsumption,Firebox.

3. eBay 平台上选品应注意事项

（1）在获得足够销售经验（销售产品至少要达到 100 件,经营时间达到 6 个月）之前,不要涉足昂贵的产品。可以从销售 20 美元左右的产品开始,慢慢学习 eBay 的规则,获得产品运输经验,学会解决客户问题。

（2）可以考虑销售一些简单的产品,如玩具、厨具或办公用品等。这类物品有足够的市场需求,但价格相对便宜,一旦不小心犯错,损失程度会小一些。

（3）不要销售违禁、未经认证或 eBay 禁止销售的物品,否则你会被冻结账号!eBay 平台禁卖类别有成人用品、野生动物、毒品、货币、众筹。

（4）注意网络诈骗者,买家也有可能进行欺诈。这类人通常将缺少经验、易于突破的新卖家作为攻击目标,他们通常根据店铺的开店日期和反馈数量来确定你是否是新手卖家。

（5）新卖家应该避开的 5 类产品

A. 设计师产品:因为 eBay 对品牌侵权行为零容忍,一旦销售此类商品,账号会在第一时间被关闭;

B. 收藏品或亲笔签名:出售这类产品,一定要获得正品认证,否则买家可能声称产品是假的,要求退款;

C. iPhone、Galaxies（三星）或其他智能手机:零部件容易被拆走,然后退货;

D. 珠宝;

E. 电子产品 。

三、亚马逊平台的选品技巧

1. 选品小技巧

（1）先确定选品方向和品类。自己定位要销售什么类目的产品,要先确定是选择专卖店型,还是超市型。

（2）参考亚马逊畅销产品排行。在亚马孙买家页面的最顶部,有一些购物导航入口,从这些入口进去的流量很大,而且都是优质流量。除了提供所有类别和子类别中获得前 100 名畅销的物品名单,亚马孙还提供了其他 4 个关键流量导航端口,在这些独立导航中你能发现一些热销品和流行品。

（3）分析产品利润和投资回报率。除了品类和排名,还要考虑其他因素,包括利润和投资回报率,这些都是进行商品采购时要考虑的因素。这里有一个简单的“3 倍法则”可供大家参考,即销售价格是采购价格的 3 倍。

2. 选品方法

（1）差评数据分析法

以平台上热卖商品的差评数据为主,找出客户不满意的地方,然后进行产品改良或选择能解决客户不满的供应商的产品。差评数据分析法侧重于抓取差评数据,同时注重分析商品的好评数据,分析出客户真正的需求点和期望值。

（2）选品组合分析法

以产品组合的思维来选品,即在建立产品线时,规划 20% 的核心产品,用以获取高利润;规划 10% 的爆款产品,用以获取流量;规划 70% 的常态产品,用以互相配合。选品要针对不同的目标客户,不能把所有的产品都选在同一个价格段和同一个品质,一定的价格和品质阶梯能产生更多的订单。

（3）谷歌趋势分析法

利用谷歌的数据分析工具,对企业外部的行业信息和内部的经营信息进行分析,并挖掘出有价值的信息,以此作为选品参考,即通过"google trends"工具分析品类的周期性特点,通过"Keyword Spy"工具发现品类搜索热度和品类关键词。

谷歌趋势分析法,除了要看行业的整体数据和变动趋势、行业内各品牌的销售情况、各品类的销售和分布、单品的销售数据和价格,也要看行业内至少 3 家核心店铺和主要竞争对手的销售数据（流量、转化率、跳出率、客单价等）。

四、Wish 平台的选品技巧

1. Wish 平台的特点

（1）Wish 区别于其他平台,它是一个基于移动端的应用软件（APP）。Wish 平台一个最大特点就是它做的是千人千面、瀑布流、精准推送。Wish 弱化了搜索功能,重点放在个性化推送之上,每个人在 Wish 平台上看到的产品都是不一样的,可给买家提供非常愉悦的购物体验。

（2）Wish 平台上销售品种类繁多,上架数量基本都在 1000 款以上。Wish 平台是根据客户搜索的"关键词"和"产品标签"进行产品匹配,然后推荐给搜索客户的。因此在 Wish 平台上做电商时产品品类多,数量多,被匹配推荐出去的频次也多,销量也会随之增加。

（3）Wish 平台上,销售价格在 10～30 美元之间的产品出单最多,客户 40 岁以下的年轻人居多,消费能力和消费习惯决定着这些群体的购物价格,而且 Wish 平台上冲动消费较其他平台偏多,来自欧洲、美洲等地,思想前卫、有创意性、喜欢夸张、搞怪的年轻消费群体是主力客户,因此街头、朋克、创意电子类、智能类、美容美妆、家居装饰、宠物类、户外运动类、珠宝配饰类、玩具类、电子配件类、服装鞋帽类等产品在 Wish 上很热销。

2. wish 平台的选品方法与技巧

（1）品类分析

在 Wish 平台买家端手机软件上有一条品类导航栏,显示着目前热销的商品品类。这个导航栏是动态变化的,系统每增加一个类目,即代表该类目处在上升趋势,是用户需要的产品品类。

商家要保证销量的稳定,则需多花时间在时尚、数码配件、美妆、母婴等占比相对稳定的品类上。当然如果商家将精力花在家居、汽车配件等潜力品类上,那么未来可能会因此收获意想不到的惊喜。

（2）关注 Wish 垂直类手机软件

除了要关注用户的偏好和数据之外,商户还需要关注平台的开发和运营思路。除了 Wish 本身,Wish 出品的几款垂直类手机软件也是商户需要关注的对象。近几年 Wish 相继出品了 Geek、Mama、Cute、Home 四个垂直类手机软件,这四个垂直类目也正是 Wish 平台上深受用户喜爱和需要的产品品类。通过观察垂直类手机软件的产品,商户也可对平台推广趋势有所了解。此外,当你在后台发布 3C 类产品时,你的产品会同时出现在 Wish 和 Geek 上,实现两次曝光。

（3）善于根据 Wish 用户年龄分布,进行选品预测

Wish 的主要消费年龄层在 15～25 岁之间,其中女性用户多于男性用户。因此选品要站在消费者的角度思考,建议 Wish 平台上的商户多花时间研究 15～35 岁的人喜欢什么圈子、热衷什么样的文娱内容、向往什么样的生活方式、看重什么样的购物体验、消费能力如何、愿意为什么产品花钱等,只有这样才能在 Wish 平台上做出好的销量。

再次,鉴于女性用户多于男性用户,且女性用户热衷"逛"的特点,商户除了要多开发女性喜欢的产品外,还需要以女性的审美标准优化产品图片,吸引女性在闲逛中冲动下单。此外,虽然男性用户数量少于女性用户,但男性用户的消费能力强于女性用户,所以商户可开发更多男性喜爱的高客单价的产品。

(4)Wish 选品考虑移动端特性

Wish 是一个基于移动端的购物手机软件,因此消费者购物时间碎片化、购物属于冲动性购物的特点比较明显,所以在选品上较适合产品为最新流行、饰品、新奇小物品,产品应具备的特点有性价比高、图片精美、描述清晰、标题明确(20%买家最常搜索的关键词+80%形容词描述产品特点),关于冲动型购物,要根据其特点,从消费者会关注的产品图片展示和排列、价格折扣、优惠券、人气指标上着手提升销量。此外,商户可以利用买家心理来修饰产品,例如从建议零售价(MSRP)、产品评价、图片效果(主图印象决定了产品印象,主图一定要精美,要符合买家的审美和对产品的期望)等方面入手。

知识链接:

产品因需而生,创新赢得竞争

2020 年开年,世界经济迎来一个意外拐点。对很多卖家来说,都是一次意外的"考试",但也未尝不是一个回顾自己、推陈出新的好机会,因为全球零售电商仍处在前所未有的好时机。

2019 年,全球零售电商规模达 3.5 万亿美金,预计到 2023 年增长至 6.5 万亿美金,占全球零售总额的 22%。未来,如何借势好时机,让自己既保有强大的抗风险能力,又有敏锐的商业洞察力,归根结底,你需要一个"好产品"。

1. 智能宠物跟踪器

海外需求洞察:众所周知,许多外国人都爱养宠物,外出遛弯时,年轻人希望有一个产品,让宠物自由无束缚但又不会走丢。

产品创新点:改变了用户只能牵着宠物遛弯的互动方式,抓住了年轻用户对宠物自由与健康的关注度高以及亲密关系的维系两大诉求,用先进的智能与数字硬件方案解决,有绳变无线,功能变智能。

消费者反馈:尽管售价不低,但在美国亚马逊网站不仅热卖还广受好评。

2. 老人/年轻人便携车

海外需求洞察:海外中老年人出门买菜、去超市等虽能搭乘公共交通或自驾,但下车、停车后到目的地的最后一段路走起来很累。

产品创新点:根据这些场景需求,设计一款便携式出行工具,一个智能的、能够带着上地铁或放在自己车上,三秒钟即可折叠成行李箱的产品。

消费者反馈:这款便携车不仅受到海外中老年人的喜爱,在亚马逊上卖得非常好;也因为它的折叠效率非常高,海外年轻人也都喜欢上了,拓宽了受众人群。

2020 年全球消费者行为趋势

据英敏特(Mintel)的调研显示:未来 10 年,全球消费者将更依赖数字科技、更想要表达自我、更注重自己和世界的"健康"。

从观察用户,到让用户主动创造,最后变成一个品牌和用户共同拥有产品,用户创造力,借助全球化的供应链和创造平台正在崛起,改变着产品的创造方向与流程周期。消费者更聚焦"简单、品质、绿色",这也将是未来产品的一个巨大的趋势,面对全球市场,产品要有全球通用的语言与共性需求。数据和智能的产品将推动服务与生命体的数字化,智能型新物种正成为细分品类的冠军。如今,大数据、人工智能将成为所有产品的必备,数字化的生活方式是所有品牌共同的探索,而数据的产生也会反向驱动所有服务、甚至我们人本身。

模块四　平台活动

知识目标:

1.理解跨境电商平台活动功能

2.掌握跨境电商平台推广的基本工具

能力目标:

1.能够独立完成跨境电商平台活动的发布

项目一　俄罗斯团购爆品团(RUGROUPALL)

一、报名须注意事项

1.基本要求:

(1)店铺:好评率95%起,DSR:4.6起,店铺级别2勋起。

(2)商品:30天全球销量≥4,俄语系销量≥1,且俄语国家销售占比在40%以上。

(3)好评分4.6以上,包邮(俄罗斯、白俄罗斯、乌克兰),发货期7天,每家卖家可报商品数:3,最小库存:300。

2.每一期坑位:10个。

3.招商时间:每周一下午至周五循环招商。

4.参与对象:全部卖家。

5.选品技巧:

(1)容易爆量品类且近期俄语系销量多的商品;

（2）热销价格区间，$1.5＜价格＜$20；

（3）选品一定要有品牌；

（4）选品尽量选单属性的 sku；

（5）折扣力度大（从报名至活动结束前，都不能出现价格低于或等于报名活动价格的情况）；

（6）首页评价中有 2 个差评的不建议选择；

（7）平台对商品有疲劳度控制，不要重复报名俄团有过销售的同样商品。

6. 审品时间：后台报名商品显示"审核"状态这一星期的周一到周四。

7. 俄团官网：http://group. aliexpress. com。

二、俄罗斯团购爆品团审品流程

行业小二初审，再由俄罗斯团购小二审品（优选金银牌卖家）后台被锁定的产品，都是通过机器算法推荐给俄团小二进行审核，算法的核心主要是三部分：

1. 商品分。例如俄语系近期销量和商品好评分。

2. 促销分。参加活动的价格和 30 天实际成交的价格之间计算实际折扣。

3. 店铺分。例如店铺的好评和 DSR 等。

俄团买家首页：http://group. aliexpress. com。

三、说明

卖家朋友们可以点击俄团官网，进入对应的品类，看到每期选择的商品，可以更加了解小二选什么样的产品上俄团，这样有助于选品不迷茫。

四、建议

俄团是速卖通的爆品团，是速卖通有史以来曝光最高、出单最多、销量最高的平台活动，所以选品要体现出该品的优势。所谓爆品，具体体现在历史成交数量、好评率、日均销量等因素。大家要仔细看好招商时间，一般开始招商就要立马报名，因为平台小二审品也是从头开始审核，坑位已满，二哥们就不会再继续选品了，所以时间上没有把控好，要被选上的概率那就非常小了。

项目二　全球场

一、全球场(Today's Deals)

全球场(Today's Deals)是速卖通一个老牌的跑量活动,近期又有新的流量来源,频道的吸引力再次增大,Today's Deals增加的新成员,称为Today's Deals巴西场,主要针对巴西市场。其审品逻辑跟全球场是一致的,但会更加关注巴西市场的畅销产品。

1. 满足此活动的基本要求;

2. 每一期的坑位数:20个;

3. 目标客户群体:巴西市场占比较大,TD的目标市场:英文市场;

4. 招商时间:每周循环招商;

5. 小二审品时间与审核流程:每周四,行业小二直接审核;

6. 选品技巧:优选客单价高于$5的产品,单个sku每月选中次数不超过三次;

7. 小二审品分析。

二、小二审品关注点

第一看图片及评分,这是产品历史表现的直接体现,也是买家最关注的;再看折扣力度,第二是否有足够折扣的同时,更加关注是否真实打折(禁止提价打折),不存在原价虚高;第三看购物车添加量和愿望清单添加量,这代表买家对产品的兴趣度;第四看是否包邮以及总促销数,这是活动覆盖面及是否真正优惠到买家的体现;至于卖家等级、是否有优惠券等排在最后,平台小二很少考虑。

三、建议

Today's Deals,SuperDeals现在也慢慢得到平台的重视,平台小二在审核上开始用审核俄团的标准去选品,所以商家们一定要根据活动要求以及以上提到的选品技巧去参与,这样有助于提高选品的成功概率。

项目三　无线抢购

一、无线抢购

无线抢购是速卖通无线端重磅推出的一个活动,该频道最新考核的指标主要为售罄率,其次为出单量。所以库存报 50 个为佳。

1. 报名资格:满足活动的基本要求;

2. 参与对象:全部卖家;

3. 招商时间:周一下午 3 点至次周一开启招商入口;

4. 审品人:行业小二直接审核;

5. 审品与锁定时间:每周二审品,周五入选商品锁定并等待展示;

6. 选中产品数量:每个卖家每场只会入选 1 个单品;

7. 本活动坑位数:一天 8 场,每场 10 个单品售卖 3 个小时,每场的超高流量全部仅导给这 10 个商品,旨在打造爆品,库存售空依旧在活动界面展示,直到活动结束。

二、选品技巧

1. 无线端买家用的都是碎片时间,所以快速打动买家,不让买家有纠结的品类是非常合适的,品类特征应该是价值不要太高,一般价格都为人熟知;

2. 容易爆量品类;

3. 应季品类,库存设置 50 个为佳;

4. 禁止提价打折。

三、建议

无线抢购活动规则平台不断地更新,手机端的曝光日益增强,手机 App 时代,

2017 年"双 11"战绩,无线交易占比 68%,在无线店铺装修上一定要花心思,店铺的形象起到眼球效应,卖家朋友一定要重视无线抢购的重要性,这场活动旨在给新卖家更多的流量倾斜,所以要明白以上提到的无线抢购的报名技巧。

四、想要获得更多流量,需提高以下三要点

第一,店铺商品质量得分,基本要求 4.5 分以上。

第二,商品评分,有评价纪录的,要求 4.5 分以上。

第三,因 SNAD(货不对版)引起的纠纷占比。

希望品牌不要太杂乱,如果想参与更多的平台活动,那就满足"中国好卖家"的条件吧。

五、注意

平台活动一旦锁定,不能对该款产品做下架处理,否则平台将会给予处罚,同时平台小二也会给您的店铺记一过,整体影响您今后入选的资格。

知识链接:

跨境电商打造爆款

在把产品做成爆款之前,首先需要确定这个产品本身是否具有成为爆款的基础潜质,其中包括产品质量是否优质产品供货是否稳定等问题。选款是一个非常细致的工作,需要面面俱到。

不同类型的爆款需要付出的努力也是不一样的。你操作到什么程度,媒体就会给你相应的流量,当然你操作的越全面,反馈回来的流量也会更多,爆款会更爆。需要根据自身情况、能力和资源等多方面的考虑来进行操作。

首先产品定价应该是大众能接受的价格,然后是性价比。如果产品的价格在买家能接受的范围内,那么之后买家更关注的是超高的性价比,让买家觉得自己拿到手的产品是物超所值!

对爆款的基础要求有了认知之后,接下来就是爆款的选择,常用的方法便是

测款。对爆款的选择不应该按照自己的主观意识,而是通过一定的测款进行数据分析,得出最适用于爆款的产品。有不少卖家认为,拿钱测款会花掉很多钱,不值得;那倒不如换一下思考方向,如果通过测款打造出一款十分火爆的产品,没有几天,爆款所带来的利润就会远超你测款的钱。

给大家一个思路:我们通过测款来确定爆款,与此同时对测试出来的新品主推款进行快速布局,对新品初期的流量和销量做好准备,准备去做营销推广,可以根据现有资源做最合适本产品的推广。我们的目的是通过低价的付费引流来带动自然流量的爆发,是要做到转化率有一个稳定的提升。

最后当你选定爆款的时候,产品的效果展示就成了重中之重,也就是产品的主图、详情页的设计。在设计之前,要充分了解产品,提炼出产品卖点,把产品的第一卖点放到产品的第一张主图上,同时可以设计多款主图进行测试,最后留下效果最好的那款。最后选定的主图不要轻易改动。

虽然跨境电商的详情页设计没有国内电商的专业性和高要求,但既然要打造爆款就一定要认真仔细对待,做好产品定位,分析好文案,突出产品的卖点,也要发现用户的痛点,可以把顾客常问的问题做成模板放到详情页上,这样客户能直接看到自己想要的答案,也节省了客服的时间。

给大家分享几个关于爆款的注意事项:

一、做爆款需要分析的数据

第一,产品的利润率

第二,店铺单日的销售数据

第三,店铺流量的转化率

二、打造爆款小技巧

第一,稳定的供货能力、库存量

第二,店铺视觉设计、店铺推广等

第三,优质的服务、客户的好评,争取为建立口碑打下基础

第四,寻找物流公司合作,必要时建议海外仓

为了更方便大家理解,下面我们以母婴用品为例。

母婴用品主要包括孕妇用品、妈咪用品、婴儿用品三大类。

1. 孕妇用品

孕妇装、孕妇保健品、孕妇浴巾、孕妇营养品、怀孕指导书、胎教指导书、洗护用品等。

2. 妈咪用品

乳垫、产后恢复用品等。

3. 婴儿用品

婴儿床、婴儿手推车、宝宝餐椅、尿布、婴儿枕头、被子、尿垫等。

其中母婴用品的爆款主要集中在孕妇装、洗护用品、产后恢复用品、乳垫、婴儿车、尿垫、餐椅等。

1. 产品特点

产品种类多样,大多数产品没有明显的季节性区分,能够帮助宝妈解决实际性问题,具有实用性的产品往往更能成为爆款。

2. 消费人群

适用于刚生完孩子的宝妈或者怀有身孕的女士。

3. 产品价格

除了价格,质量更是关键。

中低价小产品:多以怀孕指导书、胎教指导书、尿布、尿垫、孕妇浴巾、孕妇装、洗护用品为主。

中高价品质产品:客单价较高的,多以孕妇保健品、营养品、产后恢复用品、婴儿车、婴儿床、餐饮等为主。

注意:其实对于母婴产品来说,客户往往更关注产品,所以价格较高但不会太高的产品顾客也是可以接受的。

4. 生命周期

季节性产品:除了婴儿用品中的被子和枕头之外,其他商品无季节性之分。

四季通用型产品:大部分产品都可以全年投放,此类产品以消费者人群为主。

5. 爆款推荐

孕妇用品:孕妇装、洗护用品;

妈咪用品:乳垫、产后恢复用品;

婴儿用品:婴儿车、尿布尿垫、餐椅。

爆款产品是一个店铺生存的核心,不仅能带来持续的现金流,还可以建立自己稳定的客户群体,促进品牌的打造。

模块五　网络营销

知识目标：

1.了解跨境电商网络营销工具

2.了解跨境电商网络营销的方法和特点

能力目标：

1.能够熟练使用网络营销工具

2.能够根据跨境电商的目标市场特点，选择合适的网络营销方法

3.能够组合使用网络营销方法，达到营销效果最大化

项目一　搜索引擎营销

搜索引擎是近20年来互联网内发展最为迅速的领域之一。互联网就好像一个巨型的图书馆，在这个网络图书馆里存在着，并且时时刻刻都在产生着大量的信息。数以万计的信息远超出我们的想象与掌控，如果没有搜索引擎的出现，也许我们根本无法找到我们想要的目标信息。

搜索引擎营销，即SEM，是Search Engine Marketing的缩写。SEM是一种新的网络营销形式。SEM所做的就是全面而有效地利用搜索引擎来进行网络营销和推广。SEM追求最高的性价比，以最小的投入，获得最大的来自搜索引擎的访问量，并产生商业价值。

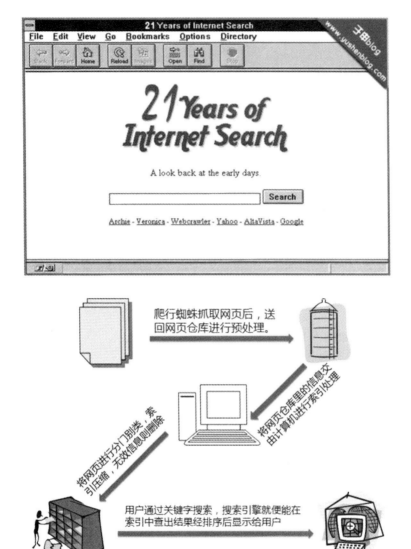

图 5 - 1 - 1　搜索引擎

一、竞价排名

顾名思义,竞价排名就是网站付费后才能被搜索引擎收录,付费越高者排名越靠前。竞价排名服务,是由客户为自己的网页购买关键字排名,按点击计费的一种服务。客户可以通过调整每次点击付费价格,控制自己的网页在特定关键字搜索结果中的排名;并可以通过设定不同的关键词,捕捉到不同类型的目标访问者。

国内流行的点击付费搜索引擎有百度、雅虎和谷歌。值得一提的是,即使是做了 PPC(Pay Per Click,按照点击收费)付费广告和竞价排名,最好也应该对网站进行搜索引擎优化设计,并将网站登录到各大免费的搜索引擎中。

二、购买关键词广告

即在搜索结果页面显示广告内容,实现高级定位投放,用户可以根据需要更换关键词,相当于在不同页面轮换投放广告。

三、搜索引擎优化(SEO)

搜索引擎优化是通过对网站优化设计,使得网站在搜索结果中靠前。搜索引擎优化(SEO)又包括网站内容优化、关键词优化、外部链接优化、内部链接优化、代码优化、图片优化、搜索引擎登录等。

项目二　邮件营销

电子邮件营销是网络营销手法中最古老的一种,可以说电子邮件营销比绝大部分网站推广和网络营销的手法都要老。说到电子邮件营销,就必须有电子邮件营销软件对营销内容进行发送,企业可以通过使用电子邮件营销软件向目标客户发送营销邮件,建立同目标顾客的沟通渠道,向其直接传达相关信息,用来促进销售。电子邮件营销软件有多种用途,可以发送电子广告、产品信息、销售信息、市场调查、市场推广活动信息等。

一、电子邮件营销的特点

1. 精准直效。可以精确筛选发送对象,将特定的推广信息投递到特定的目标社群。

2. 个性化定制。根据社群的差异,制定个性化内容,根据用户的需要提供最有价值的信息。

3. 信息丰富、全面。文本、图片、动画、音频、视频、超级链接都可以在电子邮件营销中体现。

4. 具备追踪分析能力。根据用户的行为,统计用户打开邮件的次数及点击数,并加以分析,获取销售线索。

二、电子邮件营销的功能和流程

1. 打开率

打开率是指有多少人(以百分比的形式)打开了你发送的邮件。这个参数变得越来越不重要了。电子邮件的打开率是通过在邮件中放置一个微型图片来追踪的,但是许多邮件服务商都会拦截图片,使图片无法显示。因此客户可能打开了你的邮件,但系统会记录他没有打开,除非他主动使邮件中的图片显示出来。有报告称,标准的打开率报告根据收件人列表质量不同最多可能要降低 35%。

2. 点击率

点击率是指点击数除以邮件打开数(注意不是发信总数)得到的百分比。不同的公司以不同的方式来衡量点击率。那么,每打开一次邮件,是所有的点击都计算还是只算一次呢? 对于这个问题,还没有统一的答案。这个参数非常重要,因为邮件营销的目的就是吸引客户访问你的着陆页或网站。

3. 送达率

送达率是指到达客户收件箱(相对于进入垃圾邮件箱或是"收件人不详"的黑洞)的邮件数除以邮件发送总数得到的百分比。如何使邮件成功进入收件箱是一个相当复杂的过程。

4. 个性化

个性化是指在你发送的邮件中包含收件人的用户名、姓名、公司等个性化内容。为此,你的数据库需要捕获这些信息,你的邮件服务商需要接受和包括相应的数据字段。个性化邮件并不适用于每个行业,使用的时候要谨慎。不过,在适当的情况下,个性化可以大幅度提高邮件的转换率。

5. 列表清理/列表优化

列表清理/列表优化能使你的收件人列表保持"优质",这非常重要。列表中无效的电子邮件地址(拼写错误、过期账户等)越多,被标记为潜在垃圾邮件的概率就越大。同时,你的数据报告也不能真实地反映出邮件发送的效果。

6. CAN – SPAM

CAN – SPAM 是美国 2003 年通过的一部联邦法律。它规定了发送邮件时必须遵守的一系列条款,违反了这些条款,你就会被纳入垃圾邮件发送者的行列,并面临罚款的潜在处罚。

7. 许可/双重许可

收件人列表有三种:"许可式"是指收件人选择加入你的列表并允许你给他

们发信;"双重许可"是指收件人给了你两次许可(通常通过电子邮件中的确认链接);除此以外所有的列表都被认为是潜在客户列表(通常通过购买和租借得到)。这三种列表中,每一种都有各自的价值。

8. 退订/反订阅

退订/反订阅是指收件人从你的收件人列表中自行退出的能力,其中有两种方式:完全退订和针对某一列表的退订。完全退订是指收件人要求退出你所有的收件人列表,不再收到由你发出的任何邮件;针对某一列表的退订是指收件人要求退出你的某一收件人列表,不再收到由你发给这个列表的任何邮件。比如说,他们不愿意收到特惠信息,但是又想收到每周新闻。

9. HTML 格式邮件/纯文本邮件

这是电子邮件的两种格式。HTML 格式的邮件可以包含色彩、表格和图片;而纯文本格式的邮件只包含文字。事实上,两种格式的邮件你都要发送,因为并不是所有邮件客户端(尤其是一些手机版的)都支持 HTML 格式的邮件。不过,要经过反复测试才能知道哪一种格式的邮件更适合你。

10. 退信数

退信数是指因"无法送达"而退还给你的邮件数。造成退信的原因有:邮件地址拼写错误,邮件收件箱已满,以及其他很多原因。如果你的收件人列表是通过购买、租借得到的,那么这个参数是非常重要的,因为它能告诉你,你购买的邮件地址中有多少个是无效的。

三、电子邮件营销实用技巧

1. 设计营销邮件

根据统计,文本邮件比带图邮件召回率高,可能就和邮件服务器屏蔽图片有关,咱们的图片要加 alt,并且尽量少用大图片。另外,使用 UTF8 编码,可以避免乱码。

(1)邮件格式编码技巧

A. 页面宽度请设定在 600~800px(像素)以内,长度 1024px 以内。

B. Html 编码请使用 utf－8。

C. 所有的图片都要定义高和宽。

D. 不要使用外链的 css 样式定义文字和图片。

E. 不使用 Flash、Java、Javascript、frames、i－frames、ActiveX 以及 DHTML。

F. 不要使用 <table></table> 以外的 body、meta 和 html 之类的标签,部分邮箱系统会把这些过滤掉。

G. 图片 Alt 属性:将图片压缩处理,图片打开的时间越短,用户看到的越快,同时从服务器压力来说,对于图片的压缩也是需要的。

H. font－family 属性不能为空,否则会被 QQ 屏蔽为垃圾邮件。

I. 绝对 URL:若是相对 URL,用户在打开页面将看不到图片。

J. Table 布局与内联样式:推荐使用 table 来制作,同时 CSS 也推荐使用内联样式来进行制作。

(2)邮件文字写作技巧

A. 邮件主题控制在 18 个字以内,避免使用——!……一类的符号,容易产生乱码。

B. 邮件主题不要加入带有网站地址的信息,比如"xxx.com 某公司祝您新年好"。如果客户的品牌知名度比较高,主题上可加入公司的名称。

C. 文字内容、版面尽量简洁,突出主题,以达到更高的点击率。

D. 不使用类似如下敏感及带促销类的文字:免费、优惠、特惠、特价、低价、便宜、廉价、视频、赚钱、群发、发财、致富、代开、薪水、交友、支付、商机、法宝、宝典、秘密、情报、机密、保密、绝密、神秘、秘诀等。如果一定需要,请把敏感字制作成图片。

E. 如果发送超过 20 万封,主题内容要更换,发送超过 200 万封,要考虑重新设计。

(3)图片设计技巧

A. 尽量使用图片,以避免文字在各个主流邮箱中的显示有所不同。例如 qq 邮箱,如果未在代码中设置,邮件中的文字不能自动换行,gmail 邮箱邮件内容的字体会自动放大,与原来设定的字符大小不一致。

B. 整页图片控制在 8 张以内,每张图片最大不能超过 15kb。

C. 图片地址请不要写成本地路径,例如:< img src = " image/menu – 5. gif" alt = ""/ > ,这样发送出去的邮件,收件人将没办法看到您的图片。正确的写法应该是:< img src = "http://放置图片的网络空间绝对地址/menu – 5. gif" alt = ""/ > 。

D. 图片名称不能含有 ad 字符,否则图片上传后会显示成"被过滤广告"。

E. 如果整个邮件模板只有一张图,一定要裁成 2 ~ 3 张小图,并适当保留一些文字。

(4)链接处理

A. 链接数量不能超过 10 个,如果所有图片的链接地址一样,请将所有的小图合并成一张大图。

B. 链接请写成绝对地址,例如:< a href = "http://www. seo9go. com" > 文字或图片 </a > 。以确保收信人在点击链接时能够正常浏览内容。

C. 链接地址的长度不能超过 255 个字符,否则会导致无法追踪或链接错误。

D. 不要使用地图功能(map)链接图片,此功能会使邮件被多数邮箱划分为垃圾邮件。

E. 为避免用户收到的邮件图片无法浏览,请制作一份和邮件内容一样的 web 页面,然后在邮件顶部写一句话:"如果您无法查看邮件内容,请点击这里,"链接到放有同样内容的 web 页面。

(5)内容规划

邮件内容必须分区域划分:

A. 用户自己关注的内容。哪些用户在社区回复了你的留言或者帖子之类的。你的帖子被分享或者评论等。

B. 网站热卖商品或者电视节目播出商品等。

C. 节假日、季节类内容预告推送等。

D. 推送频率为每周三封(可以协商)。

(6)主题设计

对于很多小企业来说,因为资源有限,要使有限的资源达到最佳的优势是比较难的。邮件营销亦是如此,往往大家收到邮件,一扫而去,邮件标题无亮点、主题混乱,不吸引人,众人弃之。一个优秀的主题往往是收件人欣然打开邮件的关键。

A. 问题类型

B. 幽默戏剧类型

C. 指令类型

D. 列表

E. 公告类型

2. 发送营销邮件

请不要忽视这个最简单又最困难的环节,因为这关系到精心制作的营销邮件是准确送到了用户手中,还是白白被扔到了"垃圾邮件"文件夹中。选择合适的发送时间也是一个引导用户看营销邮件的好方法。

(1)好的邮件标题:在打开邮件前,最先入眼的就是邮件标题,这个标题的好坏可以决定用户是否会打开这个邮件。在确定标题的时候,重点 + 简洁有力的文字会是个不错的选择。

(2)细分顾客:发送前,一定要好好定位您的客户,哪怕是老客户,针对不同类型的客户发送的营销邮件也要有所区别,不要一股脑儿的群发。

(3)使用专用的邮箱发送邮件:邮箱要专业,用户若看到了发件人是"tom02191@ gmail. com",绝对会降低对您的第一印象,请选择一个专业的邮箱。

(4)选择合适的发送时间:各大知名电子商务邮件,大部分集中在"11 ~ 13点"和"7 ~ 9 点"2 个时间段,这 2 个时间段恰恰是上班族打开电脑,或者疲倦想要休闲一下的时间,这样的话打开营销邮件和点击营销邮件的可能性就大大增加了。这样是不是比滥发营销邮件好呢?

3. 数据监测

邮件发送后,对邮件后续数据的监测也是至关重要的,我们要知道邮件的到达率、打开率、点击率等各方面的数据,以此来判断这份营销邮件设计的好坏,也可以帮助到我们下次的设计。

（1）电子邮件营销中外国人眼中的常见垃圾邮件关键词

在电子邮件营销中，有一些英文关键词在外国人眼中是常见的垃圾邮件关键词，下面来看看这些关键词吧。如果从您的邮件中移除下列这些敏感关键词，这是一个好的开始。

例如：

［A］acne，adipex，adult，advertisement，advertising，advicer，allergies，amazing new discovery，ambien，as seen on tv，asthma，auto loan，auto loans；

［B］baccarrat，bachelor，beat stress，be your own boss，bllogspot，booker，botox，burn fat，buy now，buy online；

［C］call anywhere，came up a winner，career opportunity，career singles，carisoprodol，casino，casinos，chatroom，cialis，click here，click to play，click to win，credit card，cwas，cyclen，cyclobenzaprine。

（2）电子邮件营销时应该远离的八大不良做法

A. 邮件内容只有图片而没有文字

B. 把邮件列表进行排序

C. 没有退订链接

D. 只有 HTML 内容而没有 TXT 内容

E. 没有确认邮件地址

F. 不断变换发件人

G. 不断变换邮件内容

H. 不断变换发信服务器 IP

模块六　刊登优化

知识目标:了解跨境电商刊登优化的方法和特点

能力目标:

1.能够熟练使用刊登优化方法

2.能够根据跨境电商目标市场特点,选择合适的刊登优化方法

3.能够组合使用刊登优化方法

项目一　产品优化

当跨境电商卖家发现店铺里的产品数据下降,曝光、点击、反馈不在正常水平的时候,就应该及时优化产品了。怎么优化? 优化什么? 根据什么去优化? 优化后怎么看效果?

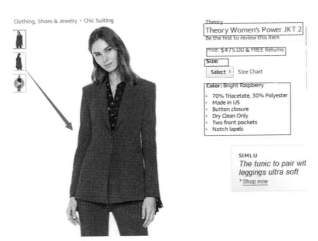

图6-1-1　产品展示1

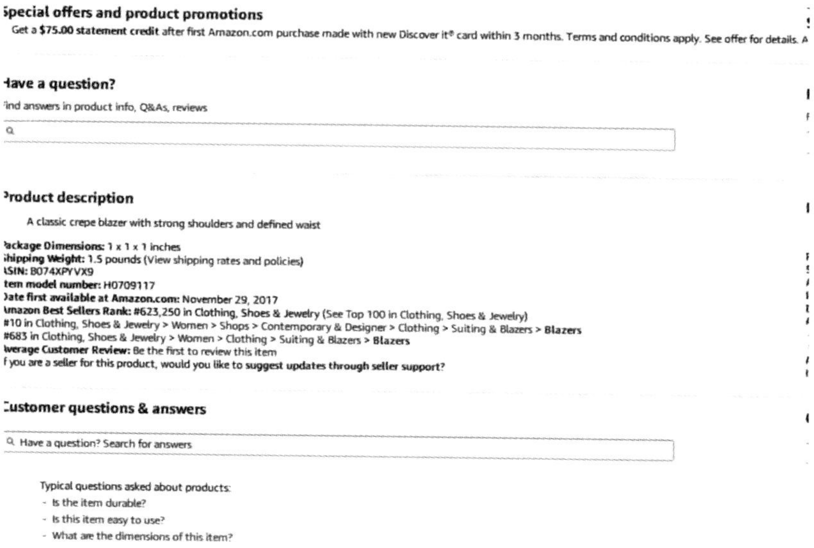

Special offers and product promotions

Get a $75.00 statement credit after first Amazon.com purchase made with new Discover it® card within 3 months. Terms and conditions apply. See offer for details. A

Have a question?

Find answers in product info, Q&As, reviews

[Q   ]

Product description

A classic crepe blazer with strong shoulders and defined waist

Package Dimensions: 1 x 1 x 1 inches
Shipping Weight: 1.5 pounds (View shipping rates and policies)
ASIN: B074XPYVX9
Item model number: H0709117
Date first available at Amazon.com: November 29, 2017
Amazon Best Sellers Rank: #623,250 in Clothing, Shoes & Jewelry (See Top 100 in Clothing, Shoes & Jewelry)
#10 in Clothing, Shoes & Jewelry > Women > Shops > Contemporary & Designer > Clothing > Suiting & Blazers > **Blazers**
#683 in Clothing, Shoes & Jewelry > Women > Clothing > Suiting & Blazers > Blazers
Average Customer Review: Be the first to review this item
If you are a seller for this product, would you like to suggest updates through seller support?

Customer questions & answers

[Q Have a question? Search for answers   ]

Typical questions asked about products:
- Is the item durable?
- Is this item easy to use?
- What are the dimensions of this item?

图 6 - 1 - 2　产品展示 2

一、产品的基本构成要素

1. 产品类目

2. 产品图片

3. 标题

4. 价格

5. 运费

6. 尺码选择

7. 短描述

8. 长描述

9. 库存

10. 优惠政策

11. 配送周期

二、跨境电商优化的 14 条法则

1.店铺产品的优化,可以带来流量,增加订单

2.优化店铺产品是跨境电商运维人员每天的基本工作

3.对于长期(10 天左右)不出单的商品,要进行优化

4.连续优化 4 次,还没有销量的产品,可以考虑下架

5.每天坚持更新产品,会自带一些流量;新产品上架前或上架到店铺时要进行优化

6.每次的优化,平台一般识别为更新一次,带有一些流量

7.进行产品优化前,要进行数据分析,不是随意进行优化

8.优化,并不是一味地降低价格

9.产品优化不仅仅指店内产品,同时还要优化供应链(不好的产品下架,更换好的供应商)

10.产品品种的优化,增加销量;供应商价格的优化,增加利润

11.物流的正确选择,也是优化的一部分,可以提高客户体验,也可以增加利润

12.收款方式的优化,可以提高资金周转,也可以增加利润

13.工作程序、人员的优化,可以提高效能,减少浪费

14.选择好的海外仓,会减少退换货概率

项目二　标题优化

一、产品标题信息构成

产品标题并不是简单地写出产品的名称,若只设置简单的产品名称,买家搜索到该产品的可能性会大大降低。例如,产品为枕套,产品标题不能只写"Pillow-Cases",而是要尽量详细地写出商品信息,使得每个独立的单词都可被搜索。比如一个"Red 100% cotton Queen Sized Pillow Cases"(红色全棉大号枕套)的标题,客人通过枕套的颜色 Red(红色)、材质 100% cotton(全棉)、尺寸 Queen Sized(大号)等都可能搜索到该产品,产品曝光率就会大大增加。

再如,当速卖通的买家在网页搜索"dresses"(裙子)时,会出现两百多万条结果,其中按销量排名第一的产品累计销量超过一万件,其产品标题为"FH Brand Blue stars 20 ColorsFashion Women New SleevelessFlorals Print Round NeckDress 2016 Summer Clothing"(FH 品牌/蓝色星星/20 个颜色/时尚/女士/新款/无袖/印花/圆领/裙/2016 夏款),标题信息量非常大。总结而言,产品标题一般由"核心词 + 修饰词 + 其他词"三类信息词构成。

(一)核心词

核心词,即认识产品的类别关键词,回答的是"是什么"的问题。以女士连衣裙为例,clothes(衣服)/women clothes(女士服装)/dresses(裙子)/one piecedresses(连衣裙)等都回答了这个产品"是什么",即为标题核心词。这些词有些是产品的类别归属(如 clothes),有的是商品的名字(如 one piece dresses)。

同一层级的类别关键词,有时会有不同的称呼或英文翻译,我们都需要一一列出。如上例中女士服装,可以叫 women clothes,也可以叫 ladies clothes。又如,中山装,可以叫作 Zhongshan Suit,或 Chinese Tunic suit,或 Mao Suit 等。在填写产品标题时只要设置允许,这些词都可以填上。

（二）修饰词

除了核心词,产品标题还可以加很多修饰词,以更清晰地描述出这个产品,回答的是"什么样的产品"的问题。例如"全棉/印花/无袖"连衣裙(100% cotton/printed/sleeveless),"黑色/ 立领"西装(black/stand collar)等,引号中的词都可以称为修饰词。

修饰词一般包含绝大部分受众所关心的产品信息,如产品的材质、款式、形状、尺寸、颜色、型号、质量、工艺、风格或流行元素、用途或功能、产品特性、目标群体、使用方式、使用时间、使用效果等。

标题设置了根据买家搜索时常关注的修饰内容以及产品本身的特性选择修饰词。如一个要买女士连衣裙的买家,可能关注的内容包括连衣裙的材质(棉/cotton、丝绸/silk)、款式(圆领/O‐neck、长袖/ long sleeve、收腰/slim)、形状(伞裙/umbrelladress、褶皱裙/draped dress)、尺寸(长到脚踝/maxi、短裙/short)、颜色(素色/solid color、印花/printed)、质量(高质量/high quality)、风格(街头/street、可爱/cute 性感/sexy)、用途(舞会/party、上班/officelady)、适合季节(夏季/summer)等。

（三）其他词

除核心词、修饰词外,产品标题中还可以考虑加进一些主要以"吸引眼球"为目的的其他词。如,女士连衣裙买家还可能搜索邮寄方式(如包邮/free shipping)、品牌或店铺名或企业名、销售情况(如热销/hot sale,促销或打折(promotion/discount/50% off 等)、销售方式(批发/wholesale 或零售/retail)等,或者她们想要的特别效果(可能是你的个性卖点),如喇叭袖(flare sleeve)、带水钻或串珠的连衣裙(cystaldress/beaded dress)等。

这些词虽然可能不是大众消费者选择产品时最关心的内容,但却也有一定的受众,尤其是你设置在产品中的这些词与同类产品形成了差异,而客户恰巧在搜索时使用了这个词,那么你的产品将很可能在海量产品中胜出。

"核心词、修饰词、其他词"可以用表格整理出来,方便产品标题设置时词的选择和更换。这些词的整理,需站在客户产品搜索角度,仔细揣摩潜在客户的心理,一一写下他们最可能使用的搜索词。考虑到产品标题设置时一般都有字数限制(如速卖通可设置 128 个字符以内的标题),我们需根据情况在这三类信息词中选择全部或部分词构成产品标题。初步设定的标题还需进行优化。然后再根据上传后的搜索排名表现,利用各种技巧再次优化,以提高排名。

二、产品标题设置时避免出现的问题

(一)信息词外语表达不准确

卖家在主流跨境电商平台(Amazon,Ebay,Aliexpress,Wish)销售产品时主要使用外语编辑。无论是用何种语言,"核心词、修饰词、其他词"这些信息词的外语表达很重要,尤其"是什么"的核心词要准确,买家用产品名称搜索产品的频率很高,若表达不准确就很难被用户搜索到。以服装为例,女士衬衫一般用"blouses"表示,而不是"shirts",因为"shirts"通常指的是男士衬衫。因此标题中用"blouses"表达更准确,更容易被买家搜索到,而"shirts"仅在字符数允许时考虑用"women shirts"的形式加入标题。类似的其他信息词的表达也要尽量准确。例如,一件带水钻的衣服,应该使用"crystal"表示水钻,而不是用"diamond(钻石)";"spread collar(宽角领)"和"classic collar(经典领)"有区别。

(二)标题内词汇堆砌

标题内词汇堆砌指的是商品标题中某些词多次使用的行为。例如:"Scan LED Laser Light/Light Laser/Stage Lighting/Disco Light/LED Light",又如"silk dress/long dress/maxidress/beaded dress"等。这一方面违反了平台规则,大部分平台都认为这是一种搜索作弊行为,会给予搜索排名靠后的处罚;另一方面也占用了有限的标题字符,从而不得不舍弃其他可能更有用的信息词。因此需要避免此类情况,如可以将"silkdress/long dress/maxi dress/beaded dress"改为"silk maxi-beaded long dress",这样买家搜索"silk dress""long dress""maxi dress""beaded dress"等同样有可能搜索到这款产品。

（三）盲目模仿

跨境电商卖家的外语能力参差不齐,有的利用免费翻译工具直接翻译,可能出现外语表达不准确的情况;有的则直接模仿,甚至盗用搜索排名靠前的标题。盲目模仿不一定能带来好的流量。若是一个新店铺,在没有销量支撑的情况下,雷同率高的热词并不能帮助产品靠前出现。若产品目标市场不一样,同样的词也会带来不一样的效果,如美国买家习惯用"facialcleansing、cleansing brush、facial-cleansing brush"等搜索我们卖的洁面刷,但其他区域的买家在搜索同类产品时,用词也许会有差别,如他们可能更习惯使用"face brush"来搜索,标题设置需符合主攻的目标市场买家的搜索习惯,而不是盲目模仿他人。

（四）标题中出现不必要的非引流词

标题与产品不匹配主要有两种情况:一是卖家为引流在标题中加入与产品不符的词,例如产品是"one piece dress(连衣裙)",却在标题里加进了"miniskirt(迷你半身短裙)",甚至加上了一些知名品牌的名字,以增加流量;二是标题与产品上传时的属性选择或页面详情描述信息不匹配,例如标题写了"plastic sheets(塑料板)",但产品详情中却在描述塑料管或其他相关性不大的商品。

卖家这样做的原因大多是为了引流,但这样的引流往往是无效的。因为一个想买迷你裙的买家,点进你的产品后看到的却是连衣裙;看到标题写了塑料板,但详情却描述了一个完全不相关的产品。这些情况下买家的购买可能性不大,甚至会对你的错误设置反感。同时,这样做可能也违反了平台规则,产品会被平台强制下架。

（五）标题设置不符合平台规则

有些卖家为符合语法习惯,在标题中添加诸如"to、the、and"之类的词。这些词对搜索排名无影响,却占用了有限的标题字符,如无特殊用途,则可考虑删去。例如,一件适合春秋的服装,可以在标题中写入"spring and autumn",但如果改成"spring autumn"或"Spring Autumn",则更好,因为"and"是对搜索引流没什么影响的词,去掉则可以节省 4 个字符,用于放其他更有用的词。

(六)标题设置不符合平台规则

跨境电商平台各有规则,标题设置需注意不能违反其规则。例如,跨境平台对标题大都有"不能出现堆砌词、侵权词,不能滥用品牌词"等规则。此外有些平台还规定标题中不能包含"!,*,$,?"等字符,不能使用不正确的英文拼写等。同时,还需注意的是,若卖家同时在好几个跨境平台出售产品,则尤其要注意平台间的规则差异,如上文中提到的标题中可考虑将"包邮"等物流信息放入标题,速卖通平台是被允许的,但亚马孙却规定不允许出现如"DHL、Freeshipping"之类的物流信息。再例如,有些平台信息词的排列顺序对搜索排名有影响,有的则不尽然。

三、产品标题优化建议

上述方法设置的标题经过实践检验后,若发现不理想,可进行标题优化。

(一)利用平台内数据分析工具优化

跨境电商平台内都设有一些数据分析工具,可帮助关键词的优化。以速卖通为例,卖家主要可以利用后台的"数据纵横—商机发现—搜索词分析"栏目,获得近期特定国家的买家针对某类产品的热搜词、飙升词、零少词的信息。热搜词可以按搜索人气、搜索指数、点击率、浏览-转化率、竞争指数排名,还可以知道特定热搜词排名前三位的热搜国家是哪几个;飙升词可以按搜索指数、搜索指数飙升幅度、曝光商品数增长幅度、曝光卖家增幅排名;零少词则可以按曝光商品数增长幅度、搜索指数、搜索人气等排名。这些数据可下载下来做具体分析。如通过该数据分析工具,可以获知近一周美国客户对"服装/服饰配件"类产品的热搜词按搜索人气排名依次为:summerdress,dress,swimsuit,jumpsuit,sunglasses 等。可参考这些信息对标题进行优化。

(二)利用第三方关键词挖掘工具优化

标题搜索排名表现不好,很重要的一个原因可能是没有发现客户主要搜索的词是哪些。例如：中山装也许有人只知道叫"ZhongshanSuit"，却不知道客户更多地称之为"Mao Suit"，如在标题中设置了"Zhongshan Suit"，就错过了用"Mao Suit"来搜索的客户。一些第三方关键词挖掘工具可以解决这个难题，例如 Google Trends、Google AdWords，以及仅支持 aliexpress 和 ebay 的蚂蚁提名等第三方工具。

以 Google AdWords 为例，其主页"工具与分析"下的"关键词规划师"可以帮助我们获取针对不同目标市场客户群或不同跨境电商平台的关键词信息。例如，某卖家做的产品品类为"necklace（项链）"，其目标市场为美国、英国、法国、西班牙，那么可以在"关键词规划师"中的"定位"栏对地理位置及语言进行设置，从而获得目标市场客户群的关键词参考信息，这些信息可按相关性、月搜索量、竞争度排名。当然，这些工具给出的一些热搜关键词提示并不一定适用于所有卖家，我们首先要结合经验选择相对适合的词，然后拿这些词到谷歌、跨境平台搜索，查看有多少同行在用这些词。若你碰到一个词，它的搜索量不小，但同行用的却不多，甚至没有人用，那就试着把这个词加到你的标题里，也许它将给你的搜索排名带来惊人的变化。

（三）借鉴优秀卖家产品标题做优化

通过访问买家页面，发现并借鉴同类产品优秀卖家设置的产品标题，来优化自己的标题。优秀卖家包括两类：一是同一跨境平台上的优秀竞争对手。例如，在速卖通平台上，可以通过买家页面的"Hot Products（热销产品）""Weekly Best-selling（一周内销量领先产品）"找到销量表现好的同类产品标题，学习并借鉴。或者通过买家页面的 Categories（品类选择）中看到"HotCategories（热门种类）"，在各品类下可以看到"Best Match（最佳匹配产品）"，以及"Hot Now（热门词）"等信息。例如，"dresses（连衣裙）"品类下，提示的热门词包括"Sexy、Slim、Sleeveless、Vintage、Chiffon、Maxi、Beach"等，有助于标题优化，还对卖家选品也是一个不错的参考。另一类优秀卖家是目标市场当地知名电商平台上的优秀卖家。例如，目标市场为美国时，可以参看美国亚马逊上同类产品销量表现不错的卖家产品标题。

(四)优化排版以提高标题可视化效果

除了标题内容的优化,还可以优化标题排版,提高标题可视化效果,提高用户体验。一个长串、不分割的标题,虽然给客户带来了大量信息,但同时给人一种凌乱的感觉。建议如下:

(1)标题单词不要全小写,单词首字母大写,介词连词小写,特别重要或想突出的词全部大写。如"YiChen BeadedStraps Bridesmaid Prom Dresseswith Sparkling EmbellishedWaist";

(2)用"with""of""for"等做分割,如前例;

(3)用"#""、"等字符做分割,这些字符都只占用一个字符空间,和介词一样可以帮助用户快速定位产品的关键信息。

成功优化的标题并不是一劳永逸的。例如,服饰类产品对季节变化很敏感,当季节变换的时候,用户搜索的内容会发生较大的变化;或当热门事件发生、新产品发布之后,热门搜索词也会发生变化;抑或是当卖家参与平台某个活动时,标题内容也需要做相应的优化调整。

(五)结合平台或客户端差异做优化

有的卖家同时在不同跨境电商平台售卖同一产品,会发现同一标题在不同平台的搜索排名表现会有差异。例如,从标题简洁性看,Wish 和亚马孙在标题设置上要求简洁明了,速卖通则相对复杂很多。如果同时做多个平台,要重新进行编辑标题。另外,同样是速卖通,其电脑端平台可以正常显示标题的所有信息,速卖通移动端平台只能显示前半段。在设置产品标题时要注意标题信息词排序问题,尽量"先重点后次要"排序,让客人第一眼就看到"售卖什么产品"。如"2018 New arrival hot sale CustomBlack Sliver Metal Stainless Steel Practice Balisong Trainer Training Butterfly Pocket Knife(2018 年新款/热卖/定制,黑色银色/不锈钢/金属/练习训练用/折叠便携式/蝴蝶刀)",这样的标题就有点头重脚轻,而且移动端的客人由于显示问题,根本看不到核心词。

项目三　描述优化

一、描述优化的原则

产品描述并没有所谓的"黄金法则",但是你还是需要注意以下五个要点:

1.强调产品的积极作用

网购消费者仍然会规避风险,网上购买产品看不到实体形象,所以就要看你的产品描述能不能让消费者感到信任。可以特别强调你的产品拥有哪些用户所不了解的优势。调查显示,消费者不会读完整个描述,所以可以使用标题突出产品重点。

2.少即是多

产品描述尽量简洁,没有人希望看产品描述跟看一篇文章似的——除非你卖的是文章。具体产品描述的字数控制在100~300个单词之间。注意你的标题,如果标题不能和消费者产生共鸣,他们就会略过了。

图6-3-1　标题

3.尽量真实

产品描述不要太荒谬。你也许觉得你的商品是全球最好的,但是除非真的有证据,否则尽量避免使用这种描述,它只会让你的产品看起来更糟糕。如果你的产品获过奖,不妨说明下,或者用消费者反馈来证明你的产品确实不错。消费者评价不仅有利于 SEO,而且还能提高 18% 的销售额。

4. 了解用户

不论你卖什么,回答用户潜在的问题有利于交流。要引起与消费者之间的共鸣。卖家和买家对产品描述的感受不同,所以旁观者的观点能帮助你从消费者的角度了解事情。你的消费者是在寻找你商品的价值,他们希望知道商品的优势,他们为什么会需要这个商品,他们要怎么使用这个产品,产品能为他们解决什么问题。

5. 拒绝复制与粘贴

如果你进店买东西,你不会希望看到销售员指着旁边的人说:"产品就跟他说的一样。"产品描述也一样。从别的网站复制和粘贴不会让你赢得客户——而且谷歌有针对这个的惩罚措施。所以描述最好是原创,用你的文字吸引客户,不要让他们觉得无趣。

产品描述的质量决定消费者的去留。描述内容就是你的声音,必须准确挠到消费者的痒处。

知识链接:

跨境电商卖家坚持产品优化的经营之道

跨境电商一直风云变幻……

这一年,有很多大卖崛起,辉煌无限,也有很多大卖沉没,惨淡异常;下一年,谁能乘势起飞? 谁又会繁华落尽? 我们该坚持什么,才不会被浪潮抛弃? 我们不妨看看那些卓越的业内大咖怎么说。

坚持微创新

产品外形创新:黄总的 IP camera 都模仿一些可爱的动物或者其他用户喜爱的形象,如憨厚的企鹅、萌萌的猫头鹰、精致的奶瓶、卡通机器人等,再配上可爱的名字,而非字母代号,这样不仅外形上能亲近直接用户(小孩),名字也容易被记住,而且方便搜索。

　　产品功能创新：持续增加有创意的新功能，比如增加录音和播放功能，父母不在家时，可以通过播放 IP camera 里的录音给小孩讲故事；增加声音感应，超过特定的分贝，手机软件会自动提醒父母，小孩的哭声很大，需要检查是否发生了异常；增加温度感应，降温时提醒父母，需要采取措施防止小孩感冒等。这些新功能的投入都不大，但通常能让产品增加 30% 以上的利润。

　　根据场景创新：根据细分用户使用产品的场景特征来改良产品。比如很多客户喜欢用摄像头来监控打猎，因此开发出的户外迷彩、带 Wi-fi 热点链接、防水、防尘等特色功能的 IP camera，深受打猎爱好者们的欢迎。

　　引入新技术：欧美人愿意为行业新技术买单，甚至不惜高价。如在 IP camera 里引入欧美人比较关注的 4K、H.265 等新技术，甚至能比别人多赚 10 倍的利润。

　　面对其他卖家的模仿，黄总认为，只要坚持不断创新，模仿者也只能邯郸学步，不具威胁。如今因为产品深受消费者喜爱，很多大卖家都愿意分销黄总的产品；也因为有特色、有技术，产品的利润相当可观。

坚持技术投入

　　上市公司百事泰的兰总认为，百事泰能有今天的成绩，是因为有好的产品在支撑。为此，百事泰一直坚持大手笔的研发投入，精研产品。产品的研发周期短则需要 6 个月，长的需要 2~3 年。正因为专注投入，目前百事泰拥有了 3 项发明专利、36 项外观设计专利、15 项实用新型专利。这些都是百事泰进军全球的利器。

坚持产品差异化

　　来自亚马逊的高级经理 Justin 介绍，2015 年亚马逊有 3 亿活跃用户，平均消费 300 多美金，庞大的消费群体有大量个性化的需求，亚马逊鼓励卖家把更多精力放在产品上，为消费者提供差异化的产品，而不是挖心思去做言销的"黑科技"。

项目四　速卖通详情页优化

做速卖通的卖家们都知道详情页会直接影响着下单转化率,所以这一页面的制作十分重要。

一、详情页多语言化

如果有比较多的买家来自非英语国家,建议编辑多语言的详情页

二、重要内容前置

产品描述一般来说会包括几部分的内容:产品特点的描述、商品图片、关联推荐、物流以及其他的 Q&A 等。从买家的角度来考虑,买家的精力和时间有限,在当前的商品下,买家最关注什么内容,如果更方便买家获取有效信息,是各位卖家需要思考的点。

在无线端这种思考更为需要,因为无线端屏幕尺寸小,且受网络环境的影响,打开速度不一定稳定,让买家能快速、有效地了解该商品的重要信息,是无线端商品描述优质与否的标准。

三、图文分离

图文分离是指图片和文字分开录入,而不是把文字写上图片上。这样做有几个好处。

第一,文字加载速度比图片快,在无线端不会因为等比例压缩的关系看不清楚。

第二,可以利用翻译插件看多语言的翻译,使得非英语买家能大致了解商品详情。

图片的好处也很明显,比如表格,如果不用图片的方式,在无线端很难完美适配。各位卖家朋友需要注意的是,如果要把文字写到图片上,一定要在无线设置上看下实际的效果,以便调整图片上面的字号,确保图片等比例缩小之后,文字还能看清楚。

四、关联推荐内容

速卖通关联营销内容不是在当前商品下买家最关注的内容,如果一定要放,控制在一屏以内,最好放在商品描述的最后。

目前无线有独立的详情页描述编辑功能,独立的无线详情页内容和排版都可以与个人电脑不一样,可以帮助卖家更好地从无线买家的角度来展现商品,又不会影响个人电脑买家的信息获取。

项目五　亚马逊图片优化

产品图片是亚马逊上客户点击的主要动力。如果客户未在亚马逊的搜索结果页面中点击你的产品,你将无法获得任何销售。

产品图片如何影响亚马逊排名

亚马逊将点击率和转化率合并到他们的排名算法中。如果你的产品被更频繁地点击和购买,亚马逊的 A9 排名算法将提升产品在搜索结果中的排名。

这意味着你的点击率(CTR)和转化率(CR)会直接影响你的产品排名。接下来,改进的点击率(由于高质量的主图)和转换率将有助于提高你在亚马逊上的排名。

然而,重要的是要明白,高质量的图像本身并不能保证排名的提高。只有当你开始看到你的点击率(CTR)和转化率(CR)有所改善时,它才会触发亚马逊的 A9 算法来提升你的产品在搜索结果中的排名。

高质量产品图片的标准是什么

首先,确保你的图像符合亚马逊的最低产品图像要求。你最多可以为产品添加 8 个 附加图像。使用这些图像提供有关你产品的所有重要视觉信息,并突出其积极方面。所有图像都应足够大,以启用亚马逊的缩放功能。

1. 放大

确保你的图像具有足够高的分辨率,以启用亚马逊的缩放功能。通过让客户更仔细地查看你的产品,可以减少与产品的距离并建立信任。

例如,如果客户正在浏览尼康相机,他们可以使用缩放功能来评估可用的不同按钮和功能,以帮助他们做出购买决定。由于产品的细节是可见的,因此客户能够更好地设想将设备握在手中的感觉。

图 6 – 5 – 1 放大

2. 主要形象

图 6 – 5 – 2 主要形象

你的主图像是产品点击的驱动因素,因为它是亚马逊搜索结果中唯一可见的图像。客户将浏览搜索结果页面中的产品图像列表,然后单击他们认为最有趣的产品。根据亚马逊今年 7 月份实行的产品主图新政策,你的核心产品需要以白色背景为中心,并确保光线充足的图像填充 80% 的帧。

在上面的示例中,我们为桌面烤架显示了两个主要图像。第一张照片虽然专业拍摄,却没有清楚地说明核心产品。请注意,你的主图片只会在搜索结果中显示为预览图片,并且你希望避免在搜索结果页面中轻易忽略你的 产品。这使得第二个图片更加理想,因为核心产品即使作为预览图片也足够可见和可识别。

根据产品的不同,图片的不同方向可能很重要,这将在下面讨论。

3. 角度和视角

图 6 - 5 - 3   角度和视角

从不同的角度展示产品。这样做的目的是让客户感觉好像他们已经看到了整个产品,而不仅仅是你想展示给他们的东西。

4. 产品使用案例和好处

从不同的角度展示产品。这样做的目的是让客户感觉好像他们已经看到了整个产品,而不仅仅是你想展示给他们的东西。

使用产品作为如何使用产品的参考。通过这种方式,购买者可以更容易地想象他们如何使用产品,并将由此产生的好处直接与你的产品结合在一起。当产品的安装和使用不容易获取并需要解释时,图片特别有用。通过澄清一个或多个图片的事实来消除这个障碍。

使用产品作为如何使用产品的参考。通过这种方式,购买者可以更容易地想象他们如何使用产品,并将由此产生的好处直接与你的产品结合在一起。当产品的安装和使用不容易获取并需要解释时,图片特别有用。通过澄清一个或多个图片的事实来消除这个障碍。

图 6 - 5 - 4 产品使用案例和好处

5. 背景

图 6 - 5 - 5 背景

对于某些产品,客户必须想象产品如何适应其环境。例如,各种家具都是通过和谐地融入生活环境而展现出全部价值的产品,从而创造出连贯的整体画面。因此,当在起居室环境中展示时,沙发桌看起来更美观且更舒适。通过在其周围环境中展示产品,你还可以通过巧妙选择高品质的随附产品来增强它。

6. 生活方式

图 6-5-6　生活方式

随着产品总是出售一定的生活方式。向客户展示产品如何适应他或她的生活方式,或者他或她与产品一起获得的生活方式。全自动咖啡机在设计师厨房中呈现时,散发出高档的生活方式和享受,并配以新鲜烹制的咖啡。

一种产品总是有一种特定的生活方式被出售。向客户展示产品如何符合他或她的生活方式,或者他或她与产品一起获得什么样的生活方式。例如,一台全自动咖啡机在设计师厨房中呈现时,散发出高档的生活方式和享受,并配以新鲜烹制的咖啡。

7. 上下文

图 6-5-7　上下文

将图片置于人文环境中,将产品变为现实。这不仅仅适用于服装。大多数产品都有一个值得展示的社交元素。向你的客户展示他们是如何在产品上脱颖而出的,或者他们如何与其他人一起体验它。

8.尺寸比率

图6-5-8 尺寸比率

对于某些产品,说明尺寸比率可能会有所帮助。在另一个项目的上下文中生成产品。亚马逊也在 Kindle 中使用这个技巧来说明他们的产品是有多么的轻薄。

9.独特的产品特性

图6-5-9 独特的产品特性

产品特性的特征应该突出显示。让你的产品不仅可以通过描述文本中的优势来销售自己,还可以使其立即可视化。

10. 细节

图 6 – 5 – 10　细节

如果你的产品有重要的细节,这些也应该在一个单独的产品图片中突出显示。

11. 打包

图 6 – 5 – 11　打包

根据产品的不同,包装可能是整个包装中或多或少的重要组成部分。展示身份和高档生活方式的产品(如袖扣)或礼品通常与时尚和高品质的包装一起使用。在这种情况下,在其包装中展示产品可能是有利的。

12. 结论

你的主要产品图片是点击产品的关键驱动因素。花时间策划高质量图片将帮助你塑造对产品质量的感知,并帮助客户快速评估产品的特性。高质量的图片也会对你的点击率和转化率产生直接影响,从而提升你在亚马逊搜索结果中的排名。

知识链接:

跨境电商卖家坚持产品优化的经营之道

这一年,有很多大卖崛起,辉煌无限,也有很多大卖沉没,惨淡异常。

下一年,谁能乘势起飞? 谁又会繁华落尽? 我们该坚持什么,才不会被浪潮抛弃? 在此辞旧迎新之际,我们不妨看看那些卓越的业内人士怎么说。

跨境电商卖家坚持产品为王

1. 坚持微创新

产品外形创新:IP camera 都模仿一些可爱的动物或者其他用户喜爱的形象,如憨厚的企鹅、萌萌的猫头鹰、精致的奶瓶、卡通机器人等,再配上可爱的名字,而非字母代号,这样不仅外形上能亲近直接用户(小孩),名字也容易记住,而且方便搜索。

产品功能创新:持续增加有创意的新功能,比如增加录音和播放功能,父母不在家时,可以通过播放 IP camera 里的录音会给小孩讲故事;增加声音感应,超过特定的分贝,手机软件会自动提醒父母,小孩的哭声很大,需要检查是否发生了异常;增加温度感应,降温时提醒父母,需要采取措施防止小孩感冒等等。这些新功能的投入都不大,但通常能让产品增加 30% 以上的利润。

根据场景创新:根据细分用户使用产品的场景特征,来改良产品。比如很多客户喜欢用摄像头监控来打措,因此开发出的户外迷彩、带 wifi 热点链接、防水、防尘等特色功能的 IPcamera,深受打措爱好者们的欢迎。

引入新技术:欧美人愿意为行业新技术买单,甚至不惜高价。

面对其他卖家的模仿,只要坚持不断创新,模仿者也只能邯郸学步,不具威月办。如今因为产品深受消费者喜爱,很多大卖家都愿意分销黄总的产品;也因为有特色、有技术,所以产品的利润相当可观。

2. 坚持技术投入

上市公司百事泰能有今天的成绩,是因为有好的产品在支撑。为此,百事泰一直坚持大手笔的研发投入,精研产品。产品的研发周期短则需要 6 个月,长的需要 2 到 3 年。正因为专注投入,目前百事泰拥有了 3 项发明专利,36 项外观设计专利,15 项实用新型专利 。这些都是百事泰进军全球的利器。

3. 坚持产品差异化

2015 年亚马逊有 3 亿活跃用户,平均消费 300 多美金,鹿大的消费群体有大量个性化的需求,亚马逊、鼓励卖家把更多精力放在产品上,为消费者提供差异化的产品,而不是挖心思去做言销的"黑科技"。